ひとりで暮らしはじめたら、
料理をもっと単純に考えるようになった。
新しく見えてきたこと
気づいたこと
忘れないように書いておいたメモ。
私の台所で生まれたのは
まるで、ひとりごとみたいに
でこぼことしたレシピですが……

あなたの台所でも、
役に立てますように。

自炊。

何にしようか

高山なおみ

◉目次

おわりに

◉自炊の前に

表記のないレシピはひとり分、
または少し多めのひとり分です。
特に表記のない分量は、
お好みの量あるいは適量で
よいということです。
鉄のフライパンと表記されている以外は、
フッ素樹脂加工のフライパンを使っています。

*

計量の単位は
小さじ1＝5ml、
大さじ1＝15ml、
カップ1＝200ml、
1合＝180ml。
いずれもすりきりではかります。

◎油はこれだけ。
なたね油
ごま油
米油（なたね油やごま油では香りが強すぎるかなと感じるときに。揚げ油としても使っている）

*

いろんな油を揃えておくと、使いきるまでにいたんでしまうため、なたね油をオリーブオイルの代用としても使っています。

朝

朝起きると、
寝る前に煮沸消毒しておいた布巾を洗濯するのが日課。
ラジオをつけて、
冷たい水を飲んで。
それから、お風呂の湯をためる。

朝風呂に浸かるのは、体と精神を目覚めさせたいから。
身繕いをして、ベッドのくずれを直し、
洗濯機をまわす。

台拭きや布巾を清潔にしておくのは、食べものへの礼《あいさつ》。
そして、台拭きや布巾も
ほかのものといっしょくたに洗濯機でまわしてしまうのは、
私の体や心にも
濁ったものときれいなものが混ざっているから。

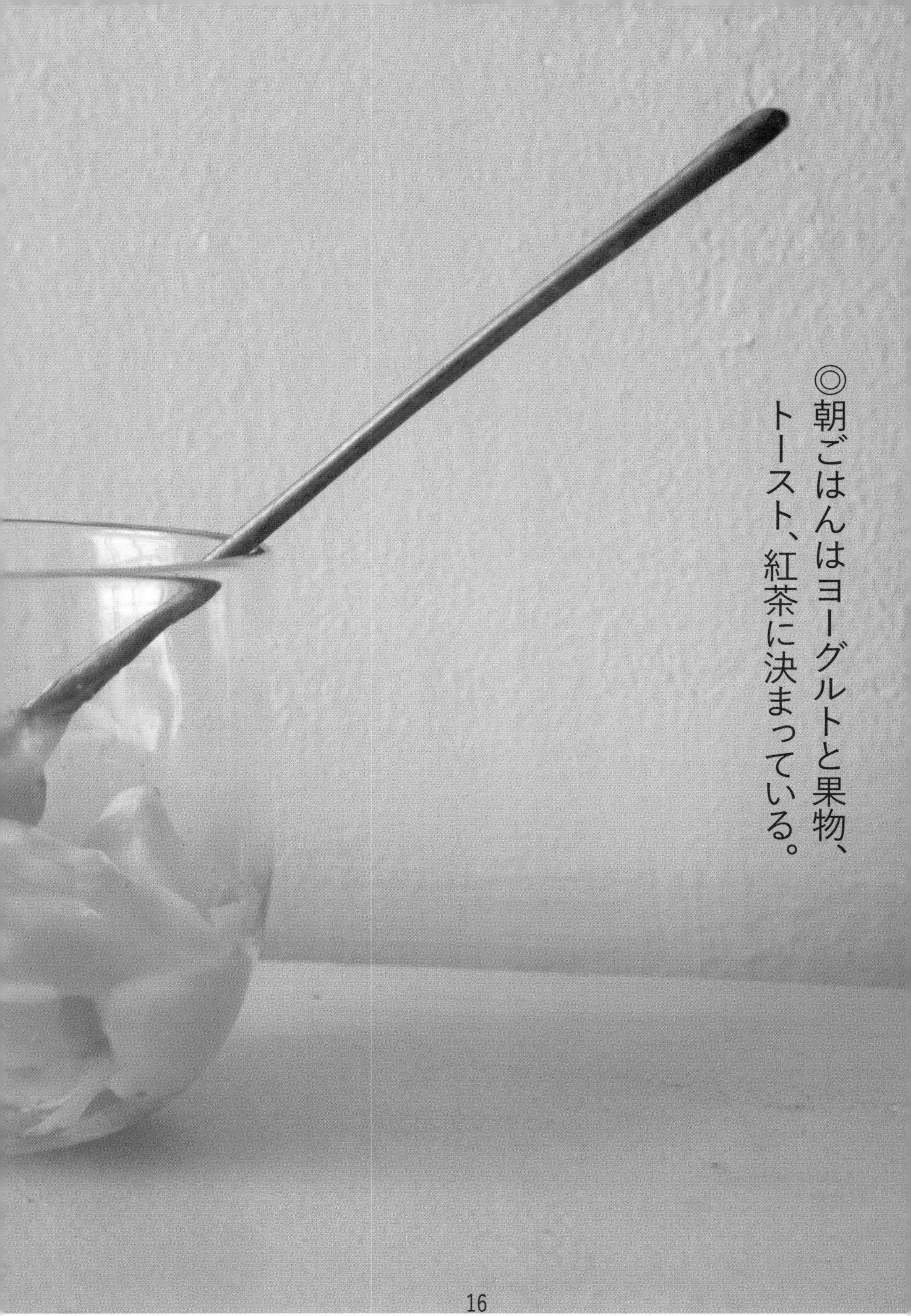

◎朝ごはんはヨーグルトと果物、
トースト、紅茶に決まっている。

＊

ヨーグルトはパックの中でよくかき混ぜ、ロシアで食べたみたいになめらかにしてから果物の上にかける。
やかんを火にかけ、窓辺に立って、海の光っているところを見ながら食べる。
それでお湯が沸いたら、台所にもどってきて紅茶をいれる。
朝は紅茶。もうずーっと。
コーヒーは、誰かにいれてもらう方が好き。

＊

冬は寒いので、ティーポットにお湯を入れたら夏よりも長めに温める。
両手で抱え、ゆっくりまわして、ポットの熱で手のひらが温まるまで。
湯をきって茶葉を入れる。
ふたをしてしばらく蒸らし、やかんを高く持ち上げて熱湯を注ぐ。
パンを焼きはじめ、台所の簡易テーブルに座るころ、紅茶茶碗に注ぐ。
まだ薄くてもそれを味わう。
だんだん濃く、香り立っていくのも味わう。
茶漉しは使わない。

＊

パンは鉄のフライパンで焼く。
小さく火をつけて温めたら、凍ったままのパンをのせ、アルミ箔をふんわりかぶせる。
アルミ箔にしわを寄せておくと、熱効率がいいみたい。
焼き目がついたら裏返して火を止め、小さく切ったバターをのせてまたアルミ箔をかぶせ、あとは余熱で。
こうするとバターがちょうどいい具合に溶ける。
バターだけの日もあるし、はちみつやジャムをつける日もある。
ジャムは手作りのいただきものが冷蔵庫に入っているので、選ぶのも朝のたのしみ。
今あるのは、いちご、みかん、栗、プラム、スパイスにんじん、花梨のジュレ。

＊

パンはいつも6枚切りのイギリスパンを買ってきて、1枚を半分に切り、ラップに包んでその日のうちに冷凍しておく。

＊

◎たまに食べたくなる『バナナトースト』。

フライパンで焼いたパンにバターかクリームチーズをぬる。
バナナ半本をのせて蜂蜜をかけ、クルッと巻く。

◎たまに食べたくなる『フライパン・チーズトースト』。

うちにはオーブントースターがないので、パンのチーズはフライパンでとろけさせる。
ビールやワインのつまみのスターターとして、お客さんにもよく作る。
チーズがよれても気にしない。
立ったまま食べると、スコットランドのパブみたいでしょ。

*

いつものようにフライパンでパンの片面を焼いたら、裏返してフレンチマスタードをぬる。マスタードの上に溶けるチーズをのせ、すぐにエイヤッ！とひっくり返す。
はみ出したチーズをパンの方に寄せながら弱火で焼く。
ヘラを差し入れ、フライパンからはがれるようになったら、
ひっくり返してお皿にのせる（P18）。

*

そのまま焼き続け、チーズをカリッとさせることもある。

◎パンをきらしているときは『パンケーキ』。

パンケーキのミックス粉にドライイーストを混ぜると、ぬれ布巾でフライパンの底を冷やしたりしなくても、ふわっと軽やかなのが失敗なく焼ける。

*

卵１個をボウルに溶き、牛乳適量を混ぜる。
牛乳をきらしていたらヨーグルトと水。
そこにドライイーストを少しふり入れてよく混ぜる。
パンケーキミックスを加え混ぜ、耳たぶよりも少しやわらかめの生地にする。
窓辺のあたたかいところにボウルを置き、ふつふつと膨らんできたら発酵生地のでき上がり。弱火のフライパンで、パンケーキと同じように焼く。

*

フライパンを強めの火にかざしながら、ロシアのパンケーキみたいに薄いのを何枚も焼くこともある。
近ごろ気に入っているのは「よつ葉のバターミルクパンケーキミックス」。
くせがなく、おいしい。

朝ごはんを食べ終わったら、
飲みかけの紅茶茶碗を持って仕事机へ。
沸かした牛乳をティーポットにつぎ足し、
パソコンで書きものをしながら飲む。

その日に何を食べるかは朝決める。
冷蔵庫にあるもので、早く食べないとというのを柱に。
仕事をしながらちょくちょく台所に立って、何にしようか考える。
今日、自分の口が何を味わいたがっているかで決める。
決まったら、うちは電子レンジがないので、
前の晩に残しておいたおかずなどを冷蔵庫から出し、
また仕事に向かう。
それが、お昼ごはんになる。

夕ごはんで使う肉など、冷凍してある肉や魚をもどすのも朝。
もどりかけたら冷蔵庫に入れておく。
干し椎茸や大豆は、寝る前にもどす。

もどす　もどる
もどす　もどる

冷蔵庫で冷たくなったおかず、
冷凍しておいたもの、乾物の類。
こちらの都合のいいときに、もどせるものはありがたい。
私にとってはお米や粉、インスタントラーメンも乾物の仲間だ。

◎冷凍してあるもの。

（いつもこれだけ入っているのではなく、この日たまたまあったもの）

だしをとったあとの昆布
パン
ワンタン
合いびき肉
豚薄切り肉
自家製ソーセージ
豚腸（ソーセージを作る用）
大豆（ゆでたもの）
ベーコンのかたまり

◎うちの三大乾物。

麩（もち麩）
干し椎茸
切り干し大根

◎お麩のこと。

ねぎとお麩のおみそ汁は母の味。
急に飲みたくなることがあるので、
乾物入れにいつもある。
お麩はパンみたいなものだから、
煮汁を吸わせてグラタンにもよく入れる。
お麩とはんぺんだけのホワイトソースの
グラタンはとてもなめらか。
白くて色もきれいだし。
ご飯の量が足りないときには、
おみそ汁にお麩をたくさん入れて食べる。
お麩は煮汁を吸っておいしくなる。大好き。

◎昆布は7cm角に切って密封袋に入れ、乾物かごへ。

◎かつお節と醤油は冷蔵庫に。

かつお節は使いきる前に風味が抜ける。醤油は室温に置くと濃くなってしまうので、小さいのを買ってきて冷蔵庫に入れるようになった。これもひとりになって変わったこと。

◎だしのとり方。

鍋に3カップの水を入れ、昆布2枚を2、3時間浸ける。
昆布がもどったら弱火にかけ、煮立つ直前にかつお節をふたつかみ加える。
菜箸で混ぜてしばらくおき、漉す。
かつお節は手でしぼり、最後の1滴まで落とす。

＊

だしはちょっと多めにとって、残りは冷蔵庫に入れておく。
3日間くらいはおいしいから、お浸しなどのちょっとした料理に使えるし、薄めておみそ汁にすることもある。

＊

昆布を浸けておくのを忘れても、小さな火にかけ、ゆっくり煮出してかつお節を加えれば、それなりのおいしいだしになる。

＊

昆布だけでとっただしはそのまま飲むこともある。それはそれは、ありがたい味。

◎だしをとったあとの昆布。

だしをとったあとの昆布は、おみそ汁に入れたり、煮物に入れたり。
これでもかと細く長く切ると美しいなと思う。
ひじきを煮るときに、細切りにしたのをたっぷり加えると粋な感じになる。

*

すぐに使わないときには、ラップに包んでとりあえず冷凍しておく。
たくさんたまったら、佃煮風にやわらかく煮る。
弱火でコトコト４時間くらいかな。２時間ずつ、2日間に分けて煮ることもある。
佃煮でも薄味にするといっぱい食べられるし、冷蔵庫に入れておけば
ひと月以上ゆうゆうたのしめる。

『昆布の薄味佃煮』

（作りやすい分量）

❶ だしをとったあとの昆布は、切手よりも小さめの四角に切って鍋に入れ、たっぷりの水を注ぐ。酒、みりん、醤油、酢（黒酢のこともある）を加え、心配になるくらい薄めに味をつける。

❷ 最初は強火、ぐらっときたら弱火にし、昆布がやわらかくなるまで気長に煮る。水が減ったら何度でも加える。途中で黒砂糖をひとつ加える。量は、どれくらい甘くしたいかで決める。

❸ 煮詰まってきたころに、梅干し2個を種をつけたまま加えて煮る。梅干しがやわらかくなったら箸でくずす。

❹ 味をみて、足りなければ醤油やみりんを加え、強火にして煮からめる。仕上げに柚子こしょうを混ぜると、風味がついてとてもおいしい。かつお節を加えるとコクが出る。

＊

おおよその割合は、昆布300gに対して酒大さじ5、みりん大さじ3、醤油大さじ2強、酢大さじ2、黒砂糖1、2片。

◎トマトソースは、いつも同じ小鍋で作る。

『トマトソース』

（作りやすい分量）
トマトの水煮缶　1缶
なたね油　大さじ3
にんにく　1片（半分に切ってから薄切り）
ローリエ　1枚
塩　小さじ1

❶ 厚手の小鍋になたね油を入れる。油が冷たいうちからにんにくを加え、弱火で香ばしく炒める。
❷ はねるのでいちど火を止め、トマトの水煮を手でつぶしながら加える。ざっと混ぜ合わせ、塩を加える。
油となじませるようによく混ぜ、ローリエをのせてふたをし、弱火にかける。
❸ ときどきふたを開け、焦げつかないよう木ベラで混ぜる。2/3量くらいになるまでぽってりと煮詰める。

*

酸味が気になるときには、トマトペーストを加えることもある。

☆冷蔵庫で10日間以上保存できる。

◎ホワイトソースがダマにならない方法。

『ホワイトソース』

（作りやすい分量）
バター　30g
小麦粉　大さじ２と1/2
牛乳　１と1/2カップ
ローリエ　１枚
塩　ふたつまみ
ナツメグ、黒こしょう　各適量

❶ フライパンにバターを入れ、弱火で溶かし、小麦粉を加えて木ベラでよく炒める。ふつふつとしてきたら、焦がさないよう気をつけながら。
❷ 冷たい牛乳をいちどに加え、火を止めてから泡立て器でよく混ぜ込む。ここでしっかりめに混ぜ、粉とバターと牛乳を一体化させておくと、ぜったいにダマにならない。
❸ 塩、ローリエ、ナツメグを加え、泡立て器でやさしく混ぜながら、弱火でとろみをつけていく。途中で木ベラに替え、とろりとなめらかになるまで煮る。仕上げに黒こしょうをひく。

☆冷蔵庫で１週間ほど保存できる。

ひとりになったら、何を食べるかばかり考えてる。

◎大豆のこと。

うちのマンションは山のふもとの急坂にある。
坂を下りたら、上って帰ってこなければならないので、
気軽に買い物に行けなくなった。

大豆は、肉や野菜のかわりになると思っている。
ゆでた大豆が冷蔵庫や冷凍庫にあると、安心する。

いつも1袋をいっぺんにゆでる。
ゆで立てに塩をふり、まずつまんでみて。
あとは、ごま油と塩。
ごま油に柚子こしょうもいい。
女友だちが来ると、大豆をゆでながら台所で飲んだりもする。
ある作家さんの本にあったのだけど、
刻みねぎ、青のり、辛子醤油で和えてもとてもおいしい。
これはお酒のつまみだけでなく、炊き立てのご飯にも。

大豆は、秋が収穫のときだと知っておくといい。
新豆は拍子抜けするほど早くゆだるから。

◎大豆のゆで方。

大豆１袋は、寝る前にざっと洗ってから、たっぷりの水に浸す。

翌日、浸した水ごと鍋にあける。

うちにあるいちばん大きな鍋を使ってゆでる。

中火にかけ、クリームのようなアクが出てきたらいちどにすくう。

あとは弱火。水面が動かないくらいの火加減で。豆が窮屈にならないように。
ゆらゆら動きながらゆだるように。豆が顔を出したらさし水をする。
1時間強でゆだるけど、やわらかさは食べてみて確かめる。

◎大豆は、ゆで汁とともに保存する。

おいしさが逃げないように。表面が乾いてしまわないように。
冷蔵庫で保存するときにはふたつきの容器に入れておき、
そのまますくって食べたり、おみそ汁やスープにゆで汁ごと使ったり、
チャーハンの具にしたり。

＊

冷凍は、厚手のビニール袋にゆで汁ごと入れ、平らにして凍らせる。

『ゆで大豆のトマト煮』

これがあると……

薄めてスープにしたり、ご飯と炒めてオムライスにしたり、ショートパスタと合わせたり、グラタンの具にしたり。

（作りやすい分量）

❶ 玉ねぎ1/2個は粗いみじん切りにする（存在感を残したいので）。

❷ ベーコン（かたまり）70gを2cm長さの棒切りにする。

❸ 厚手の鍋になたね油大さじ1を入れ、ベーコンをじりじり焼きつける。軽く焦げ目がついたら玉ねぎを加え、油をからめながら炒める。玉ねぎは甘みを出すつもりで、ふたをして蒸らし炒め。茶色に色づくまで炒めるのではなく、まわりだけほんのり色づき、中は透き通っているくらいに。

❹ ゆで大豆2カップ、ゆで汁1/2カップ、水1/2カップを加える。

「トマトソース（P42）」3/4カップ、刻んだ固形スープの素1/2個（約2g）も加えて混ぜる。煮立ったら出てきたアクをすくってローリエ1枚を加え、ふたをして弱火で煮る。

❺ 煮汁がとろりとし、味をみておいしいと感じたらバター20gを加えて溶かし込み、塩をふって黒こしょうをひく。

『冷凍大豆と残り野菜のスープ』

少なめの水で煮るのは、野菜からもおいしい水が出てくるから。大豆や野菜のじゃまをしないよう、スープの素もほんのちょっと。塩も少なめにした方が大豆の甘みがいきる。

❶ 冷凍しておいた大豆1カップは、自然解凍してから（ところどころ凍っていてもよい）ゆで汁ごと鍋に入れる。

❷ 大根5cmは大きめの乱切り。白菜1/8個は大きめの縦長に切る。芯も煮込むとおいしいので乱切りにする。

❸ ❶の鍋に大根、白菜、白菜の芯、1/2カップの水を加えて塩をひとふり。刻んだ固形スープの素1/4個（1g強）、ローリエ1枚を加えて強火にかける。沸騰したらアクをすくってふたをずらしてのせ、弱火にしてしばらく煮る。途中でバター10gを加える。

❹ 白菜がくったり煮えてきたら、長めのウインナーを切らずに（味が抜けないように）1本加えて煮る。

❺ 器によそい、フレンチマスタードを添える。

◎卵はいつもある。

『黄身の醤油漬け』

卵は6個入りのを買ってきて、新鮮なうちに卵かけご飯にして食べる。黄身だけ小皿にぽとんと落とし、醤油をひとまわししておくのも好き。そうして冷蔵庫で何日かねかせたのを、ご飯にのせて食べる。卵の黄身はそのままだとダメになるけれど、醤油をしておけば保存にもなる。
3日目がいちばんおいしい。
5日目くらいのは、日本酒のつまみに。
冷や奴にのせてもおいしい。

『あっさりふわふわ納豆』

白身が残ると、ラップをして冷蔵庫にとっておき、よく泡立てて納豆に混ぜる。全卵のよりも軽くて飽きない。夏にはゆでたオクラを混ぜる。

❶ 小鉢に納豆を入れ、箸でよくかき混ぜる(30回くらい)。
❷ ねぎはできるだけ細かい小口切り。
❸ 別の器に白身を入れ、小さな泡立て器で混ぜる。泡立てるというより、かたまりがほぐれて大きな泡が立つくらいまで。
❹ ❶の納豆に添付の辛子とタレを混ぜ、ねぎも加えて混ぜる。泡立てた白身を混ぜてふわふわにする。

『卵1個の卵焼き』

卵１個でふわふわの卵焼きを焼くには、牛乳を少し加えるのと、強火で焼くこと。フライパンに流したら、空気を入れるように思い切ってすぐに大きく混ぜること。卵１個に対し、きび砂糖小さじ１と 1/2、塩ひとつまみ、牛乳小さじ１弱の割合。

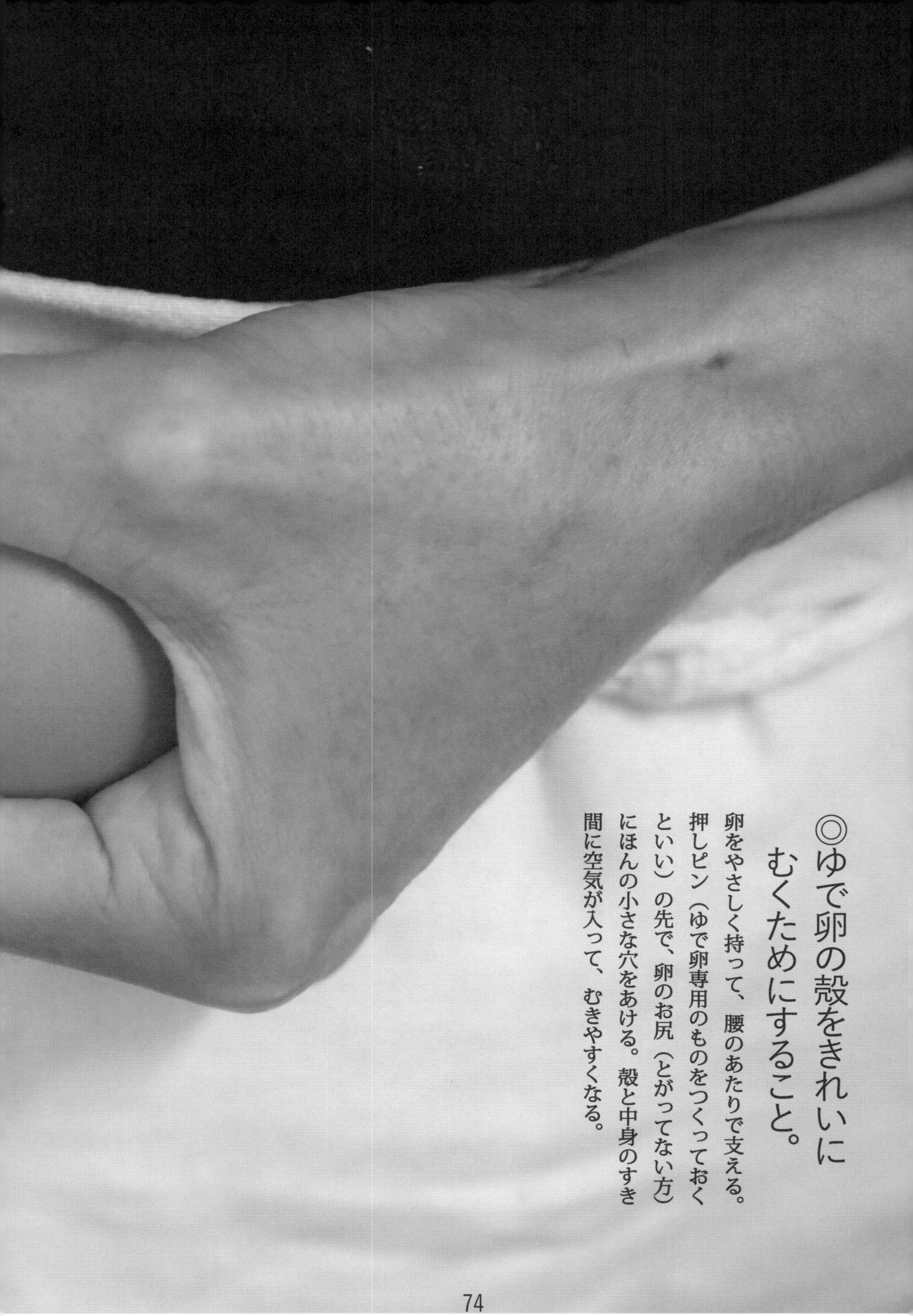

◎ゆで卵の殻をきれいにむくためにすること。

卵をやさしく持って、腰のあたりで支える。押しピン（ゆで卵専用のものをつくっておくといい）の先で、卵のお尻（とがってない方）にほんの小さな穴をあける。殻と中身のすき間に空気が入って、むきやすくなる。

『煮卵』

卵が残っているときは、ゆで卵にして煮卵をよく作る。煮卵を食べ終わっても、煮汁はそのまま冷蔵庫にとっておくと、1週間以上平気でもつ。2回目からは浸け汁をいちど煮立たせ、もとの味を思い出しながら、酒、みりん、醤油を少しずつ足して、最初の味に近づける。浸け汁は全部で3回使える。

(作りやすい分量)

❶ 卵3個は水からゆでて11分。ゆで上がったら、ヒビを入れて水に浸けておくと殻がむきやすい。

❷ 鍋に酒大さじ1、みりん大さじ3、醤油1/4カップを水2/3カップで薄め、煮立てたところにゆで卵を加え、ブクブク煮えている状態で1分ほど転がしながらからめる。粗熱が取れたら容器に移し、冷蔵庫へ。浸ければ浸けるほど味がしみてくるので、好きなときに食べる。

『マヨネーズ』

マヨネーズは冷蔵庫で1カ月以上もつものなので、新しい卵を使う。ボウルのかわりに深めの器で作ると、お客さんが来たときにそのまま食卓に出せる。

大事なのは……

マヨネーズを作る器具に水分がついていないこと。油を加えるとき、ひとつになるよう完全に混ぜてから次のを加えること。

酢は、卵と油をしっかりかためてからいちどに加えること。泡立て器は必要以上にカチャカチャさせないこと。

自信を持って混ぜること。

(作りやすい分量)

卵黄　1個

ねり辛子　小さじ1/2

フレンチマスタード　大さじ1

塩　小さじ1/2

米油などくせのないサラダ油　1カップ

酢　大さじ1

❶ 深めの器やボウルに卵黄を入れ、ねり辛子、フレンチマスタード、塩を加える。

❷ 調味料は卵黄から少し離して加える。仲がよくないもの同士なので、卵黄の上から乱暴に重ねて入れると分離しやすい気がするから。

泡立て器で卵黄をやさしくくずし、調味料を混ぜ込んでいく。

❸ 油を少しずつ加えながら、静かに混ぜる。半分くらい加えてぽったりとかたくなったら、もう分離することはないので、酢をいちどに加えてよく混ぜる。

❹ 残りの油も同じように加え、もったりとなめらかになるまで混ぜ合わせる。

☆マヨネーズで残った白身は、納豆のためにとっておく。

『ウ・フ・アラ・マヨネーズ』

ゆで卵を半分に切って、マヨネーズをぽってりのせる。ワインのつまみのスターターに手で食べてみて。ひと口で、パクッと。

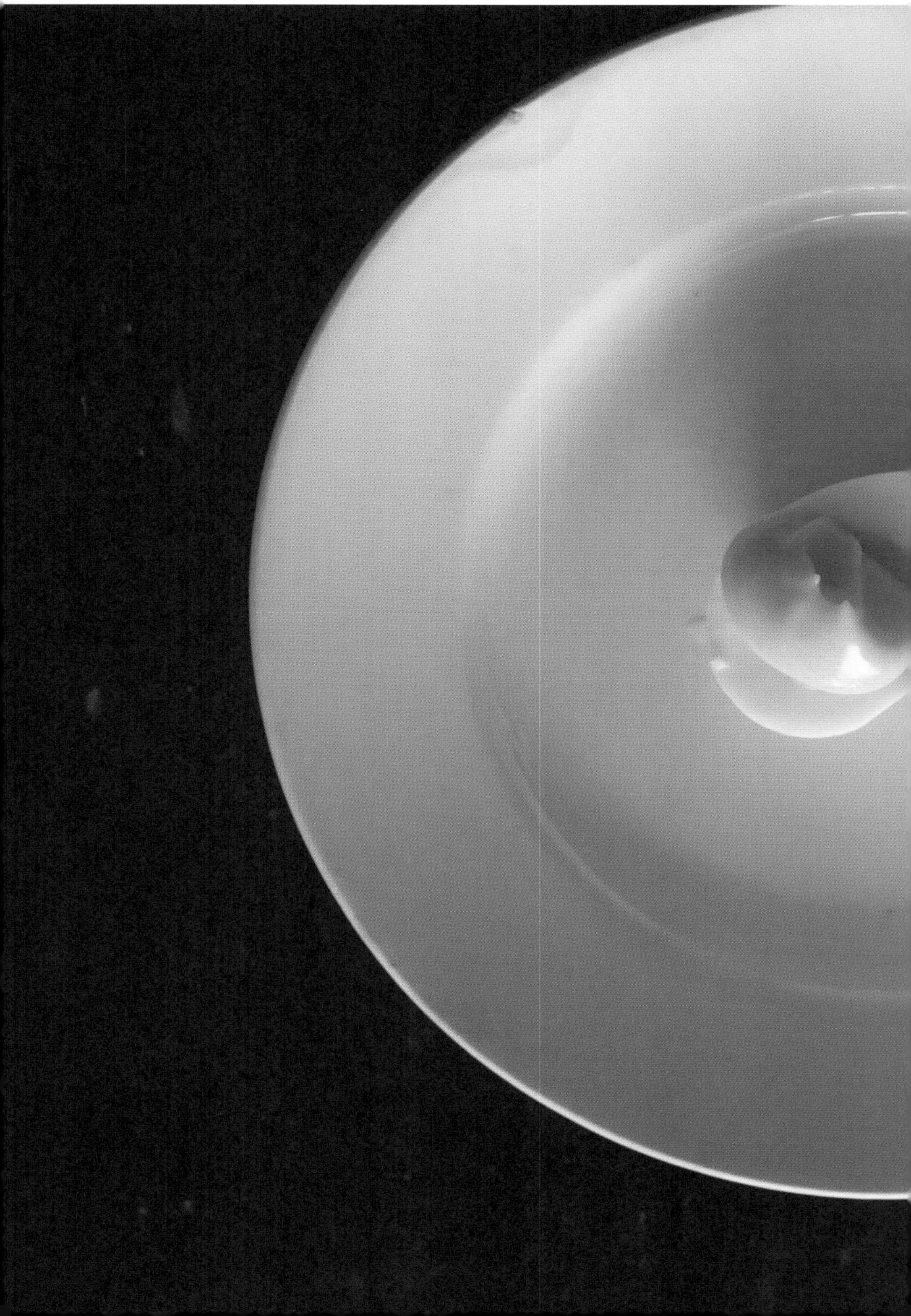

◎バターは使いやすく切って（約10gずつ）ビンに入れておく。

ハワイ島で買った蜂蜜の空きビンが専用。ラベルがはがれないよう気をつけて洗い、10年以上使っている。同じビンに、いつも同じものが入っていると安心する。

昼

正午に教会の鐘が鳴り響く。
風向きによって大きく聞こえる日もあるし、小さな日もある。
その音を聞いてから、ゆっくり支度をはじめるとちょうどいい。
お昼ごはんは、朝ドラの再放送を見ながら食べるのがたのしみ。

◎お米は1合を炊飯器で炊く。

残ったご飯は冷凍をせず、お弁当箱に移すかラップに包んで冷蔵しておいて、セイロで温める。

◎ある日のお昼ごはん。

◉温めたご飯（すりごま）
◉おみそ汁（えのき茸、豆腐、ちぎった青じそ）
◉小松菜のセイロ蒸し（蒸し立てにごま油をまわし、しらすをのせ、醤油少々）

冷やご飯をセイロで温める。
ご飯が温まったころ、空いたところにざく切りにした小松菜を入れる。
ゆっくり10数え、葉のかさが減っていたら上下を返す。

◎ある日のお弁当。

お弁当のご飯は、前日の夕ごはんのときに炊き立てを詰め、ゆかりやごま、梅干しなどのせておく。醤油をぬった海苔をかぶせることもある。早めにおかずを詰めてふたをしておくと、誰かが作ってくれたみたいになってうれしい。

◉ウインナー2本は、表と裏に斜めに切り込みを入れ、半分に切る。

◉卵1個で卵焼きを作る（P71）。

◉卵を焼いたあとのフライパンになたね油を足し、ウインナーを炒める。前の日に作った、かぶとかぶの葉の蒸らし炒めを添えて。

◎お弁当のご飯がお腹に入ると、冷たく感じるときがある。そういう日は、すぐできる温かい汁ものをプラスする。

『即席おみそ汁』

かつお節をお椀に軽くひとつかみ、もみながら入れ、みそを小さじ1くらい加える。日によっておぼろ昆布、天かす、スプーンですくった豆腐なども加え、上から熱湯をかける。みそをよく溶かし、七味唐辛子や粉山椒をふる。かつお節は具として食べる。

『かんたんスープ』

小鍋に水と、鶏ガラスープの素を控えめに入れて煮立て、塩で味をととのえる。色と香りづけに薄口醤油を少し。具はさっと煮るだけでやわらかくなるような、そのときにある野菜。もやし、水菜、白菜、かぶ、薄切りにしたズッキーニもおいしい。仕上げにごま油をひとまわし。卵を溶き入れることもある。

◎まな板は使ったら、洗ってすぐに陽に干す。

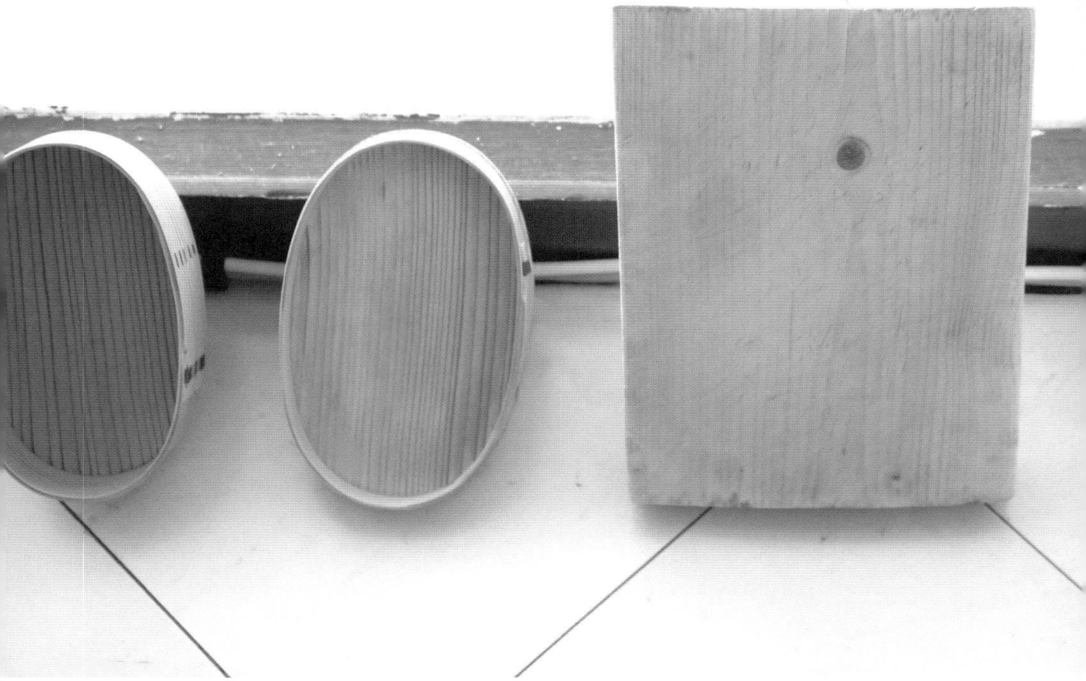

◎焼きそばは、いつも少しだけ残しておく。おたのしみがあるから。

『ソース焼きそば』

何の工夫もないけれど、ふつうがいちばんおいしいのでよく作る。「イカリ印」のウスターソースは神戸の味。さらっとして、たくさんかけても濃くならない。

❶ キャベツ1/8個は太めに切って、長いところは手でちぎる。豚バラ薄切り肉2枚は3㎝長さに切る。

❷ フライパンに米油大さじ1を熱して、豚肉を強火で炒める。白っぽくなったらキャベツを加え、軽く炒め合わせ、焼きそば用の麺1袋をのせてふたをする。

❸ 軽く温まったら麺をほぐしながら炒め、水を少し加えてすぐにふたをし、蒸らす。

❹ 麺に火が通ったら添付の粉末ソースを加え、まんべんなく色がつくまで炒める。

❺ 皿に盛って青のりをふりかけ、半熟の目玉焼きをのせる。七味唐辛子とウスターソースをかけて食べる。

◎残しておいた焼きそばで、2種。

『オムそば』

ご飯と焼きそばを炒めると、もちっとして予想外のおいしさになる。神戸で覚えた味。

❶ 小皿に取っておいた焼きそばは、キッチンばさみで 1cm ほどの長さに切る。
❷ フライパンに米油大さじ 1 を熱し、強火で冷やご飯を炒める。量は茶碗 1 杯よりも少なめ。ご飯が炒まったら、❶の焼きそばを加えてよく炒め合わせる。
❸ ウスターソースで濃いめに味をつけ、こしょうをふる。これでそばめしのでき上がり。青のりをふって皿に取り出す。
❹ 卵 1 個で薄焼き卵を作り、そばめしを移し入れ、オムライスのように包んで皿に盛る。

『焼きそばロールパン』

❶ ロールパン３個に切り込みを入れ、マヨネーズとねり辛子をぬる。
❷ 卵１個を溶きほぐし、塩ひとつまみと牛乳小さじ１を混ぜる。
小鍋に米油を薄くぬり、菜箸で混ぜながら炒り卵を作る（P153）。
冷めたらマヨネーズ大さじ１を加え混ぜる。
❸ ウインナー１本は切り込みを入れ、半分に切って炒める。
❹ ロールパンに焼きそば、炒り卵、ウインナーをそれぞれ挟む。
ウインナーにトマトケチャップをしぼる。

◎急に食べたくなるワンタン。

だから、作って冷凍しておく。

『ワンタン』

（作りやすい分量）

ワンタンの皮　20枚

A

豚ひき肉　150g

長ねぎ　5cm（みじん切り）

おろししょうが（あれば）

塩、こしょう　各適量

❶ボウルにAを合わせて軽くねり、肉ダネを作る。

❷❶を4等分する。皮が20枚だから、ひと山で5個分になると考えながら包む。スプーンですくってワンタンの皮のまん中にのせ、角と角をずらして三角に折る。肉ダネのまわりを指で押さえるようにすると、水をつけなくてもはがれない。

☆皮が残ったら、乾燥しないようにラップに包んで冷蔵庫にとっておく。

『ワンタンスープ』

鍋に水1カップと鶏ガラスープの素小さじ1、塩、薄口醤油各少々を入れ、火にかける。煮立ったらワンタンを食べたい分だけ加えて煮、ごま油で香りをつける。

『ワンタン・ラーメン』

インスタントラーメンの麺と同時に、鍋にワンタンを加え、いっしょに煮る。麺がやわらかくなるころ、ワンタンにも火が通っているので、添付の粉末スープを加えて混ぜる。煮卵があるときにはのせて食べる。

『残ったワンタンの皮と野菜のスープ』

塩味のスープを作り、野菜が煮えたらワンタンの皮をキッチンばさみで切って加える（P111）。この日の野菜は、かぶと白菜。

◎お昼ごはんを食べ終わったら、夕食のおみそ汁用に小さな昆布と煮干しを水に浸けておく。

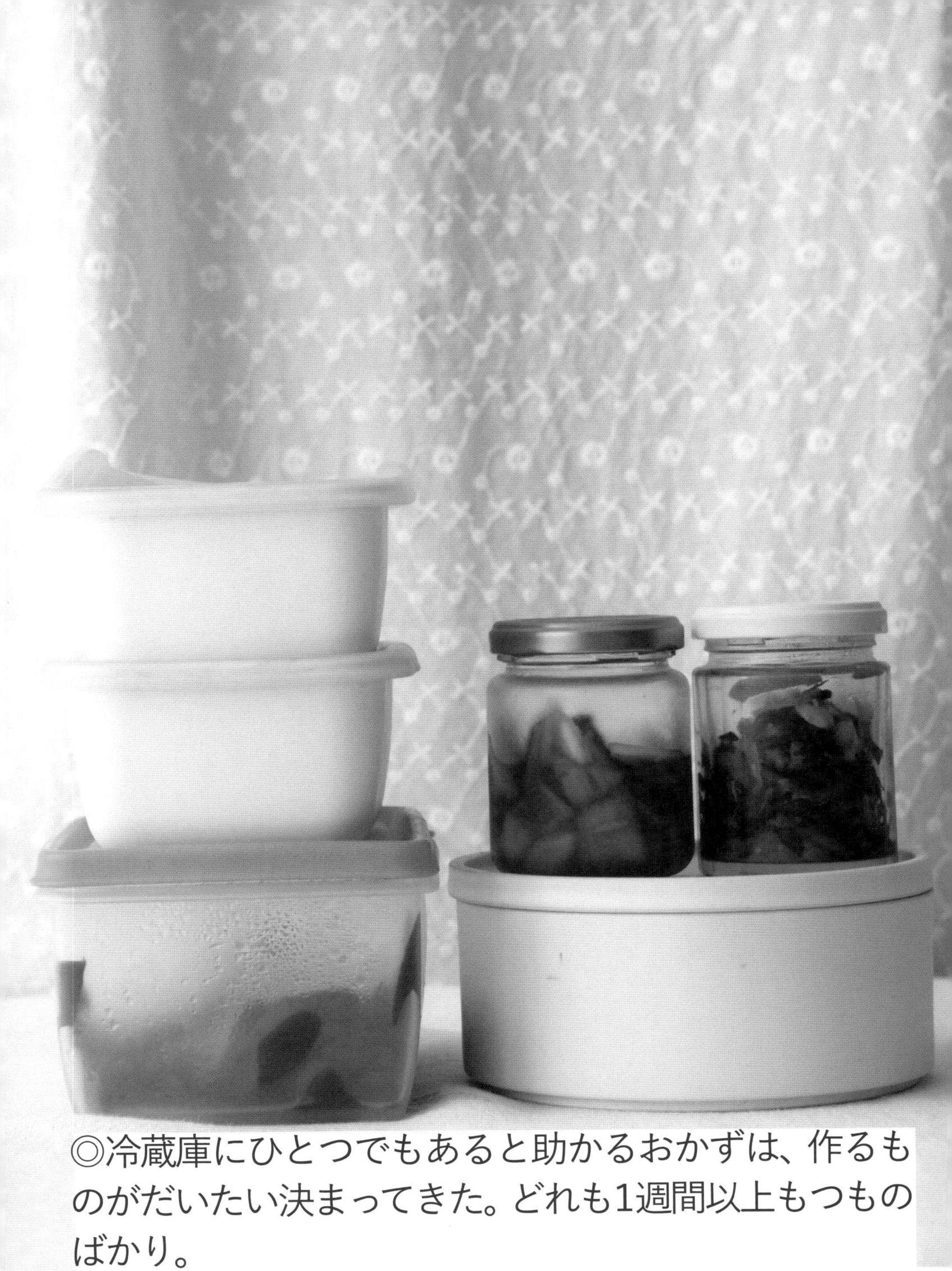

◎冷蔵庫にひとつでもあると助かるおかずは、作るものがだいたい決まってきた。どれも1週間以上もつものばかり。

◎冷蔵庫にあると助かるおかず。

●紫玉ねぎの即席ピクルス（P261）
●なすの皮のしば漬け（P228）
●なすの醤油炒め煮（P128）
●ひじき煮（P118）
●ピーマンのワタ入りきんぴら（P131）
●にんじんのきんぴら（P126）

『ひじき煮』

前にはだし汁も加えて煮ていたけど、干し椎茸のもどし汁だけで十分だと思うようになった。ひじきの磯の香りを食べたいから具は少なめ、味つけも薄め。

そうするとたくさん食べられる。

＊

だしをとったあとの昆布が冷凍してあるときには、ひじきに似せて細長く切って、いっしょに煮る。

（作りやすい分量）

乾燥ひじき　20g

干し椎茸（小さめのどんこ）２枚（1カップの水でもどしておく）

ちくわ　２本（または、油揚げ1/2枚のこともある）

だしをとったあとの昆布　１枚

ごま油　大さじ1

酒　大さじ1

みりん　大さじ2

きび砂糖　小さじ2

醤油　小さじ2

❶ ひじきはたっぷりの水でもどし、ざるに上げる。干し椎茸は薄切りに、ちくわは輪切り、昆布は細切り。

❷ 先にひじきをごま油で炒め、干し椎茸、昆布、ちくわを加えて炒め合わせる。火加減は強火。

❸ 油がまわったら、干し椎茸のもどし汁と調味料を加えて薄めに味をつけ、弱火で汁けがなくなるまで煮る。

『塩もみにんじん』

これがあると、酢をかけただけで小さなおかずになる。

野菜が何もないとき、生のにんじんのつもりで炒めてもいい。豚肉やピーマンを加えればごちそうになる。

（作りやすい分量）

❶ にんじん1本はヘタを切り落とし、皮を薄くむいてせん切りにする。

❷ ボウルに入れ、塩を3本指でひとつまみふり、指を開いた手のひらで軽くなじませる。

水分を自然に引き出したいので、もみ込まないこと。力ごなしにもむと、にんじんの繊維がこわれてしまう。にんじんの水分が少ないなと感じたら、手のひらを水でぬらし、さっとやさしくもむといい。

❸ しばらくして、にんじんが汗をかいたようにしっとりしてきたら、出てきた水分ごと保存容器に移す。

◎塩もみにんじんで、3種。

◉塩もみにんじんにちりめんじゃこをのせ、玉ねぎドレッシングをかけ、醤油をひとたらし。

◉豆腐をのせる。

絹ごし豆腐を手でくずしてのせ、ごま油をひとまわし。柑橘をしぼって「手すりごま（P202）」をする。上から塩をふっても、薄口醤油をかけてもどちらもおいしい。

◉豚肉と炒める。

豚バラ薄切り肉2枚を食べやすく切り、酒、塩、黒こしょう、ごま油をまぶしておく。ピーマン1個はヘタとワタを取り、細く切る。フライパンに油をひかずに豚肉を入れ、強火で炒める。色が変わってきたらピーマンを加えて炒める。ピーマンがしんなりしたら塩もみにんじんをひとつかみ加え、炒め合わせる。仕上げに醤油を少し落とし、ざっと混ぜる。

★玉ねぎドレッシング

（作りやすい分量）

空きビンに酢大さじ3、ねり辛子小さじ1/2、塩小さじ1、おろし玉ねぎ1/6個分を入れてふたをし、よくふって混ぜる。塩と辛子が溶けたら、米油などくせのないサラダ油大さじ7を加えて再びふたをし、ビンをふって白濁するまでよく混ぜる。

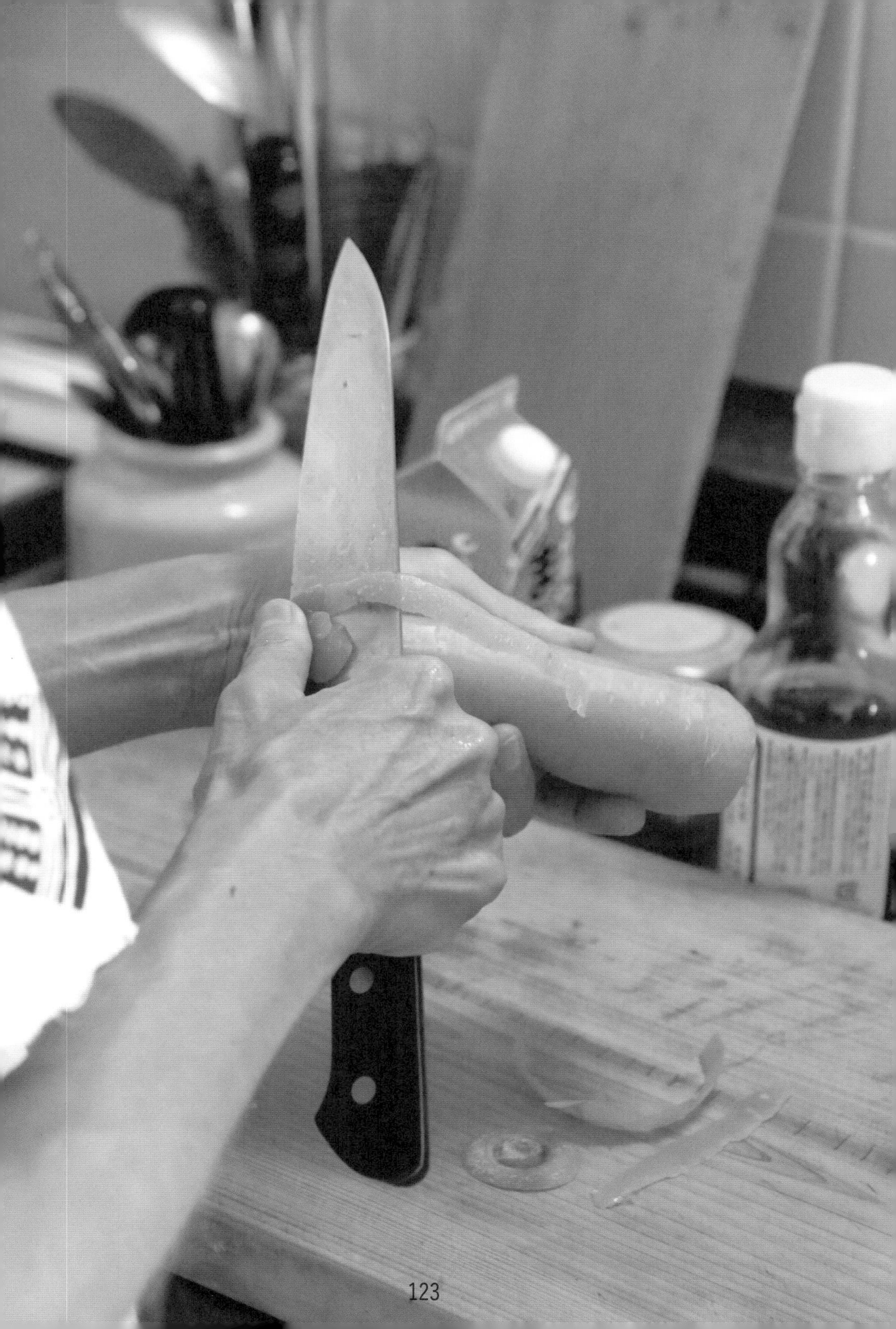

『にんじんのきんぴら』

袋の底に残っているかつお節を使いきりたいときによく作る。歯ごたえを残したいので、塩もみにんじんよりも少し太めに切る。

（作りやすい分量）

❶ にんじん1本の皮をむいて細く切る。ごま油小さじ2で炒め、しんなりしてきたら、酒大さじ1、みりん小さじ1、薄口醤油小さじ2を加えて炒りつける。火加減はずっと強火。

❷ 仕上げにかつお節を手でもみながら加える。

『なすの醤油炒め煮』

なすを1袋買ったら、食べきれなくて2本くらいは残るでしょう。そしたら作る。

（作りやすい分量）

❶ なす2本はガクを手でちぎってから、ヘタと実のぎりぎりに包丁を入れる。縦半分に切って、縦長の乱切りにして水に放つ。しばらくおいてざるに上げる。

❷ 鍋にごま油大さじ1と1/2を熱し、強火でなすを炒める。大きめに切ってあるから、しっかりめに炒める。まわりがピカピカして、少しくたっとしてきたら、酒大さじ1と醤油を加える。醤油の量は少なめ。小さじ1〜2くらいにするとなすの味がちゃんと残る。

❸ 鍋の底に少したまるくらいの水を加え、煮立ったらふたをずらしてのせ、煮汁がほとんどなくなるまで弱火で煮る。

＊

ふたをずらすのは、熱がこもりすぎると早くに水分が蒸発してしまうから。なすからも水分を呼び出しつつ、煮たいので。

#『ピーマンのワタ入りきんぴら』

きんぴらにするピーマンは、ワタを取らなくなった。ワタをつけたまま炒めると、ねっとりした感じになっておいしい。白ごまをたっぷり加えると、ごまだか種だかわからなくなるところもいいなと思う。しし唐辛子でも伏見唐辛子でも、ワタつきのまま焼いたり炒めたりするのだから、いいんだと思う。塩が基本の味つけで、醤油はほんのちょっと。色もきれいだし、ピーマンの甘みがいきる。

（作りやすい分量）

❶ ピーマン5個は、縦半分に切ったらヘタだけ指でちぎる。切り口をまな板にふせ、横1㎝幅に切る。ヘタに近いところはかたいから、少し細めに。

❷ フライパンになたね油大さじ1を強火で熱し、ピーマンを加えたら、広げてしばらく放っておく。あとはジュージューという音を聞きながら炒める。かたそうなピーマンだと思ったら、早めに塩ふたつまみをふるといい。それでもかたいようなら、手のひらを水でぬらしてフライパンの鍋肌めがけてふり、上がった蒸気にピーマンをさらしながら炒める。

❸ 途中で白ごまを加え混ぜ、酒大さじ1を加え、ざっと合わせ、鍋肌から醤油小さじ1強を落として、からめたらでき上がり。

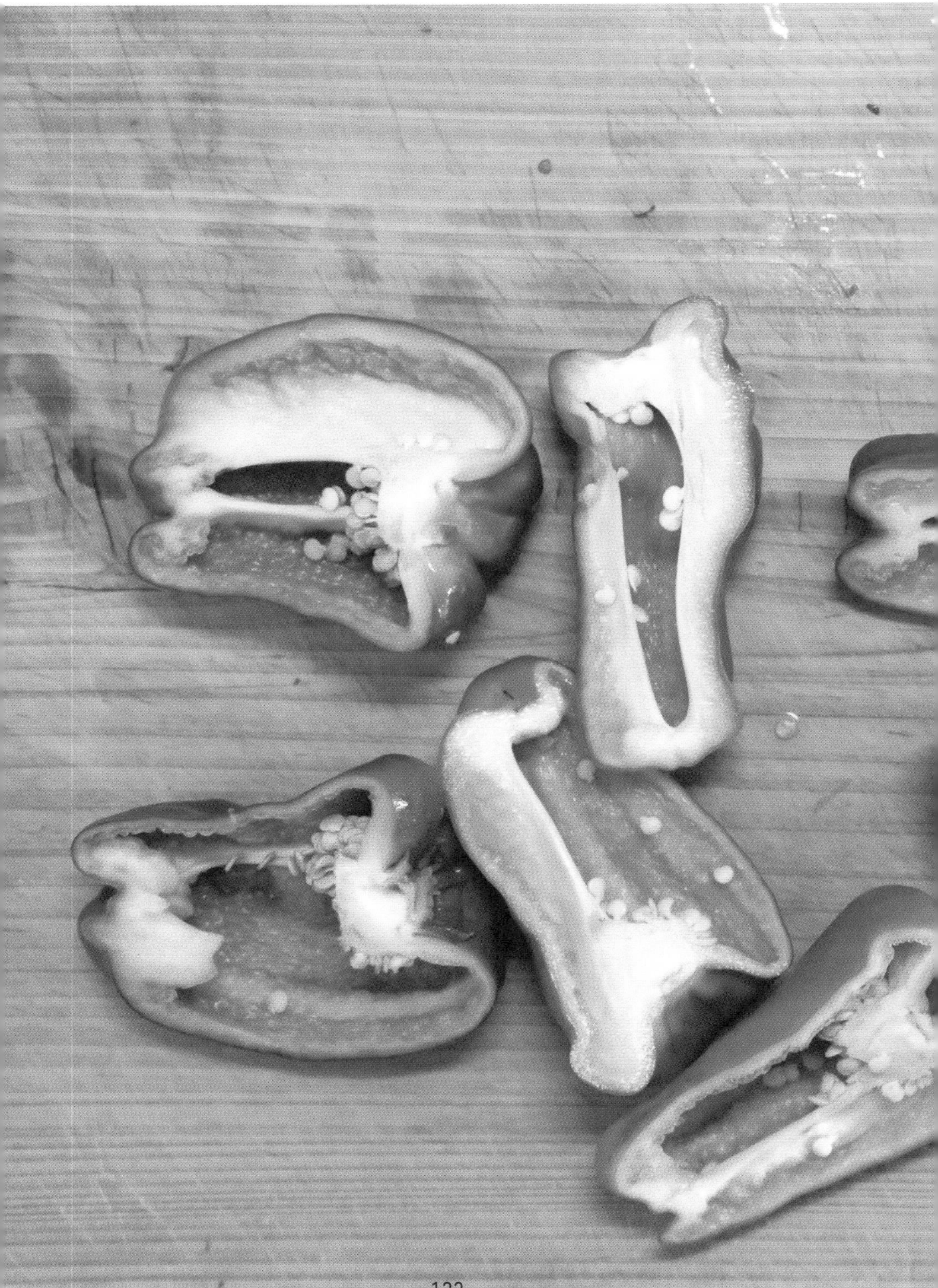

夕

日が暮れたら、どんなにやりかけでも
仕事をやめて支度する。
6時にはテレビを見ながら夕ごはん。
主菜と小さなおかずがひとつ、
そこにおみそ汁がついたらもうごちそう。

◎魚が食べたくなったら、1切れ入りのパックを買ってくる。

うちのコンロにはグリルがついていないので、魚はフライパンで焼く。古いフライパンを魚用と決め、〝くっつかないホイル〟というアルミ箔を敷いて焼く。前には油をひいて焼いていたのだけれど、これを敷くとふっくら焼けるし、おいしそうな焼き色がつく。みそ漬けの魚も焦げつかない。冷めたコロッケを〝くっつかないホイル〟にのせて温め直してみたら、想像以上にカリッと、中までホカホカになって驚いた。

『ブリの塩焼き』

鰯や秋刀魚、塩鮭も同じ方法で焼ける。

❶ ブリの切り身の両面に塩をふる。

❷ フライパンに〝くっつかないホイル〟を敷き、盛りつけるときに表になる方を下にして入れる。

❸ ふたをして最初は強火。表面が白っぽくなってきたら、裏の焼き目を確かめてから返し、再びふたをする。弱火にしてあとは蒸し焼き。大根おろしを添えて盛りつける。

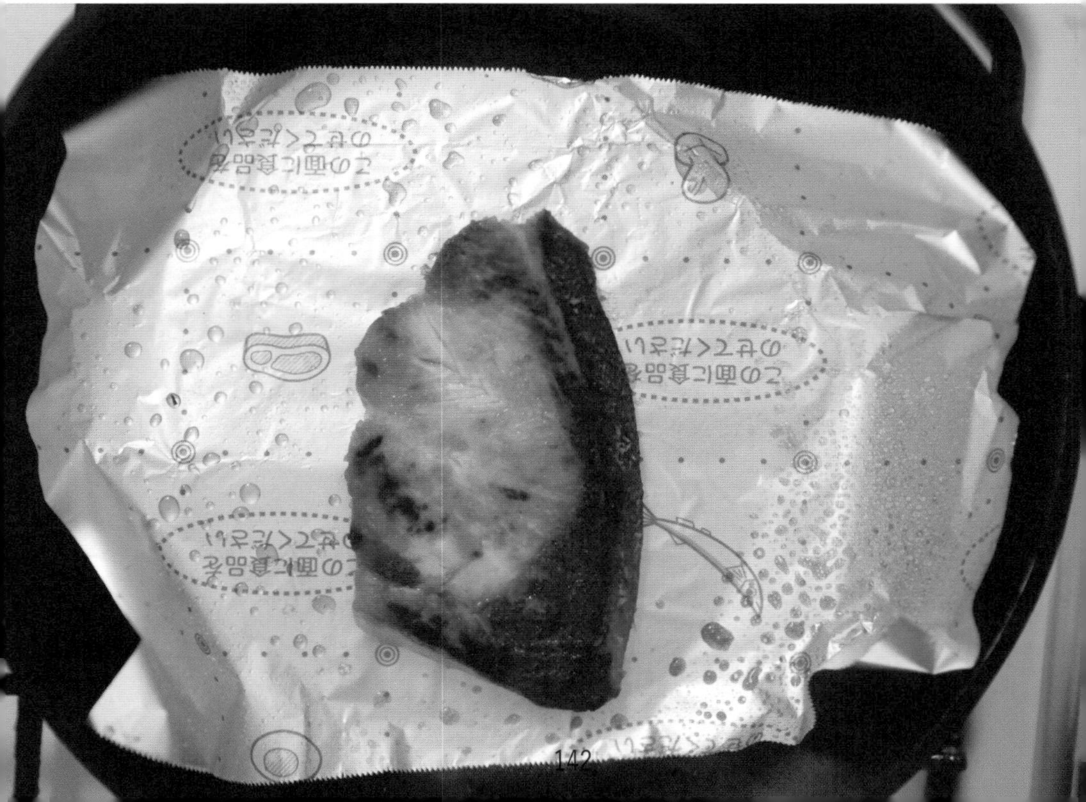

◎おろした大根が半端に残ったら。

皮をむいたのをいちょう切りにし、塩をまぶして浅漬けに。青じそがあれば加える。

◎たくあんは切って容器に保存する。
キムチはいつも決まった容れ物に。

◎絹ごし豆腐をスプーンですくって、
ごま油を落とし、塩をふる。

いちばんよくやる豆腐の食べ方。

◎鶏のささみの3本入りパックは、値段も手ごろで使いやすい。

ささみは塩をふってごま油で焼き、わさびや柚子こしょうを添えただけでもおいしい。そぎ切りにして片栗粉をまぶし、照り焼き（ささみ2本に対し、酒、みりん、醤油各小さじ2、きび砂糖小さじ1/2）にしたり、切り目を入れてチーズを挟み、なたね油とバターでパン粉焼きにもする。

『ゆでささみ』

すぐに使わなかったら、まとめてゆでておく。

（作りやすい分量）

❶ 小鍋にささみを3本並べ、ひたひたの水、酒大さじ1、塩をひとつまみ。最初は中火で、煮立ったら裏返す。弱火にしてふたをし、2分ほど静かにゆでる。

❷ 指でさわってみて、肉の内側に張りを感じたら火を止め、あとはふたをしたまま余熱で火を通す。冷めたらゆで汁ごと容器に入れ、冷蔵庫へ。

☆ゆで汁はだしが出ているのでかき卵汁にしたり、おみそ汁に加えたり。

◎ひき肉は、「コープさん」の“ちょっとがいいね”
(100g前後のパック)をよく使う。

『お肉ぎっしりオムレツ』

卵3個でこしらえ、残りは次の日のお昼に食べる。

卵　3個
合いびき肉　120g
玉ねぎ　1/4個（みじん切り）
米油　小さじ2
バター　10g
牛乳　大さじ1
塩、黒こしょう、ナツメグ　各適量

❶ フライパンに米油小さじ1とバター5gを熱し、玉ねぎを炒める。

❷ 玉ねぎが透き通ってきたら、ひき肉を加えて炒める。ひき肉がポロポロになったら、塩、黒こしょう、ナツメグをふり混ぜ、いちど取り出す。

❸ ボウルに卵を溶きほぐし、牛乳、塩ひとつまみ、黒こしょうを混ぜる。フライパンに残りの米油とバターを強火で熱し、卵液を流し入れる。すぐに菜箸で大きく混ぜ、半熟に焼く。卵の向こう側に❷をのせ、フライパンを傾けてオムレツの形に包む。

フライパンを逆手で持ち、皿に返すようにして盛る。ウスターソースをたっぷりかけて。

『ひき肉かけご飯』

ご飯　どんぶり1杯
合いびき肉　80g
にんにく　1/2片（みじん切り）
玉ねぎ　1/4個（みじん切り）
青じそ　2枚（太めに切る）
目玉焼き　1個
キムチ　適量

ごま油　小さじ1
塩、黒こしょう　各適量
A
酒　大さじ1
きび砂糖　小さじ1
醤油　大さじ1/2

❶ フライパンにごま油を熱し、にんにくを炒める。香りが立ったら玉ねぎを加えて強火で炒める。
❷ 玉ねぎがしんなりしたらひき肉を加えて塩と黒こしょうをふり、ポロポロになるまで炒める。
❸ Aを加えて炒め合わせる。味がなじんだら火からおろし、青じそを合わせる。
❹ どんぶりにご飯をよそって❸を上にかけ、半熟の目玉焼きとキムチを添える。

☆青じそのかわりににらでもおいしい。
☆生のバジルがあれば、オイスターソースを少し加え、ガパオライス風にもなる。
☆ごま油をぬった耐熱皿に入れ、オーブンで焼いて石焼ビビンバ風にしても香ばしい。

『鶏そぼろ』

（作りやすい分量）

鶏ひき肉　100g

A

酒　大さじ1と1/2

みりん　大さじ1

醤油　大さじ1

きび砂糖　小さじ2

❶ 小鍋にAを合わせて中火にかける。

❷ ひと煮立ちしたらひき肉を加え、菜箸でほぐしながら煮る。ひき肉が煮汁を吸い、ほろほろになるまで炒りつける。

『鶏そぼろご飯』

茶碗にご飯をよそい、鶏そぼろと炒り卵をのせ、混ぜながら食べる。あれば紅しょうがを添えると味が引きしまる。

◎卵1個でほろほろの炒り卵を作る方法。

❶ ボウルに卵1個を溶きほぐし、牛乳小さじ1弱、きび砂糖小さじ1、塩ひとつまみを加えてよく混ぜる。

❷ 小鍋になたね油を薄くぬって強めの中火にかけ、卵液を流し入れる。焦げつかないようにときどき火から離しながら菜箸で手早く混ぜ、卵がまだしっとりと湿っているくらいで火を止める。あとは余熱でほろほろに炒りつける。

◎日がたってしまったひき肉は、鶏でも豚でも牛でも、酒、みりん、きび砂糖、醤油で濃いめに甘辛く炒りつけておく。あればおろししょうが、なければ山椒や七味唐辛子をふり混ぜる。

◎食べたくなったら、餃子は作る。

EIFUKU

2000
1500
1000

『焼き餃子』

餃子は、これまでキャベツとにらに塩をまぶし、水けをしぼってからひき肉に混ぜていた。

これは、ある料理家さんのレシピがお手本。細かめに切ったのを生のまま加えるので、簡単だし、歯ごたえもいい。皮が大判だから厚みがあってやぶれることもない。

餃子の皮　1袋（大判25枚）
キャベツ　1/8個
にら　1/2束
豚ひき肉　150g
A
　にんにく　1片
　オイスターソース　小さじ1
　醤油　小さじ1/2
　酒　大さじ1
　ごま油　大さじ1
　黒こしょう　適量
なたね油、ごま油　各適量

❶ キャベツとにんにくはみじん切り、にらは細かく切る。

❷ ボウルにひき肉を入れ、❶とAを合わせてねばりが出るまでねり混ぜ、4等分しておく。皮が25枚だから、ひと山で6、7個分

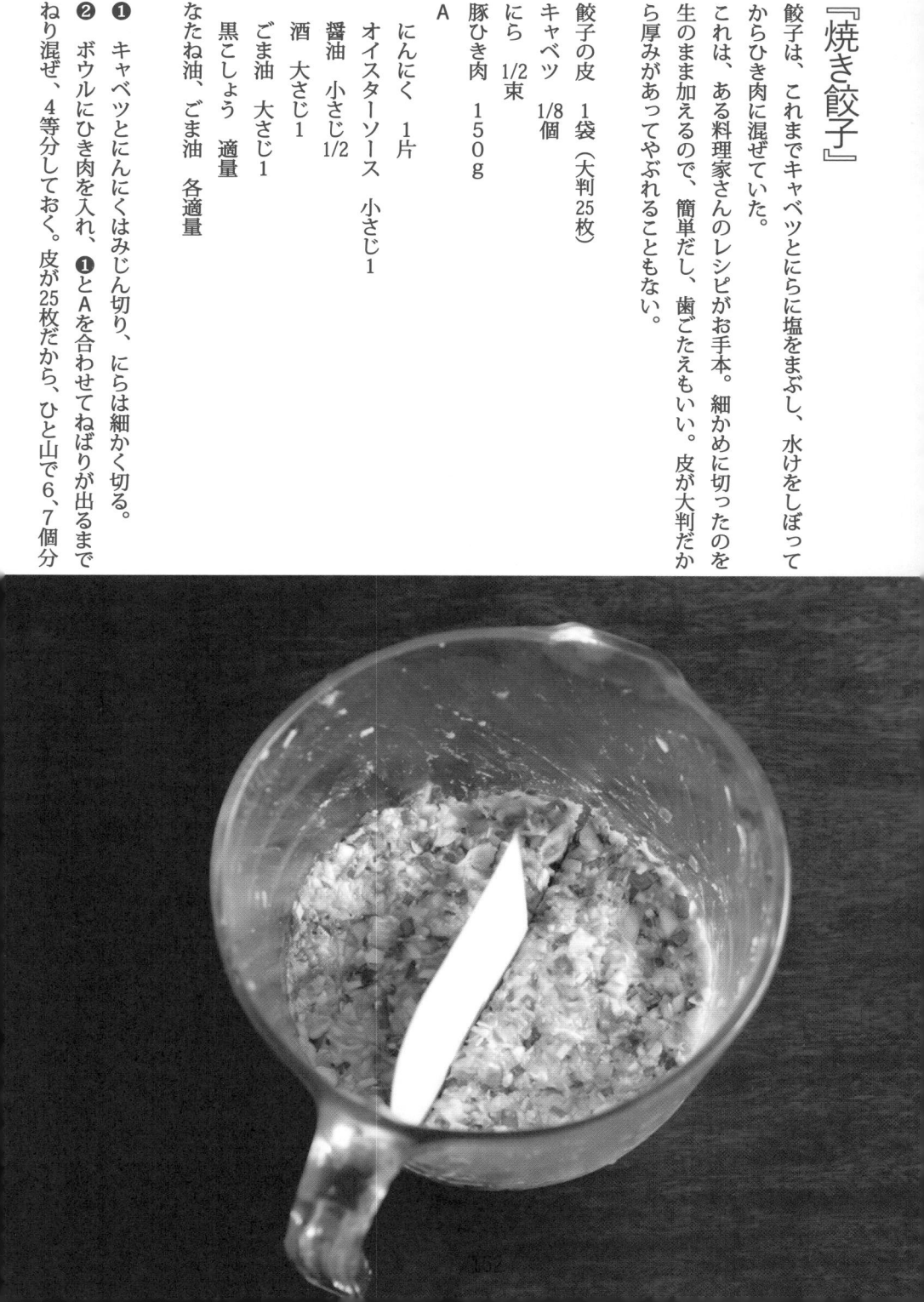

になると考えながら包む。

❸ 餃子の皮に肉ダネをのせ、縁の上半分に指で水をつける。ふたつに折ってひだを寄せながら口を閉じる。

❹ フライパンになたね油を薄くひいて、食べたい分だけ餃子を並べる。強火にかけ、2/3カップの水を加えてふたをし、蒸し焼きにする。パチパチと音がして水分がなくなり、皮が完全に透き通ったら、餃子のまわりにごま油をかけ、パリッとするまで焼く。

❺ フライ返しを餃子の下に入れ、はがれるのを確認してから皿をかぶせ、フライパンを持ってひっくり返す。

☆いろいろなタレを用意しても楽しい。酢醤油ラー油、ウスターソース、柚子こしょう。ポン酢醤油に大根おろしと七味唐辛子をふりかけたものもさっぱりしておいしい。

☆包み終わった餃子を並べるとき、バットに片栗粉をふっておくと、羽根つきの餃子がパリッと焼ける。

◎冷凍の仕方。

残った餃子はラップを敷いたバットにすき間をあけて並べ、冷凍する。焼くときには、凍ったままフライパンに並べて同様に。

◎餃子の肉ダネが残ったら。

ミニハンバーグのように丸め、ラップに包んで冷凍しておくと、何もないときのいいおかずになる。解凍したものに、片栗粉や小麦粉をまんべんなくまぶし、多めのごま油でカリッと焼く。辛子酢醤油、または辛子ソースをつけて食べる。

◎ハンバーグはいちどに焼いてひとつを食べ、残りはラップに包んで冷蔵庫に入れておけば、サンドイッチにしてもいいし、ほぐしてトマトソースと合わせれば、即席ミートソースにもなる。

火の通ったひき肉と考えれば、まだまだいろんな料理に使えそう。

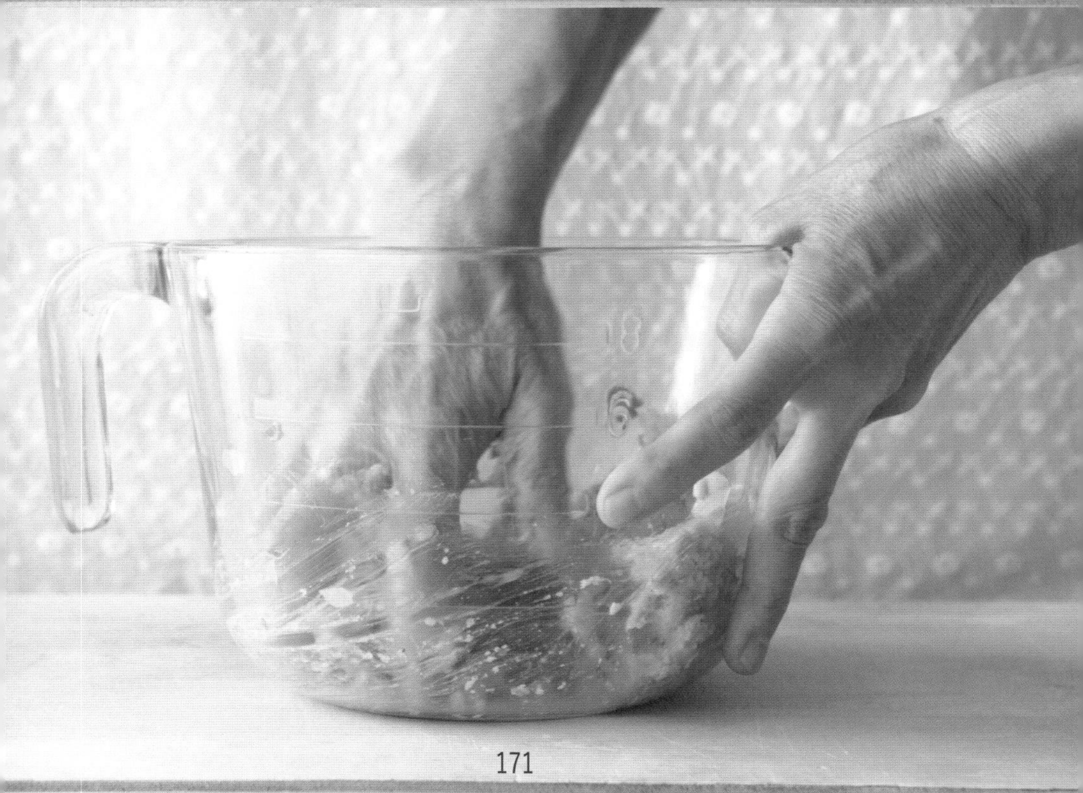

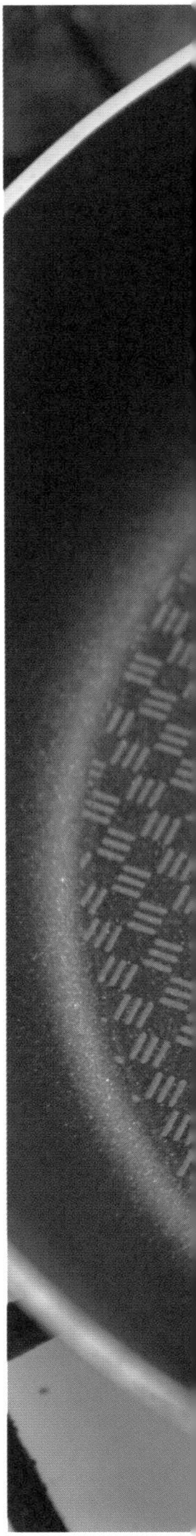

『ハンバーグ』

(2個分)
合いびき肉　200g
玉ねぎ　1/2個（みじん切り）
牛乳　大さじ1
パン粉　大さじ1と1/2
卵　1/2個（溶きほぐす）
なたね油　小さじ2
バター　10g
塩、黒こしょう、ナツメグ　各適量
じゃがいも　1個
絹さや　適量

❶ 熱したフライパンに、なたね油小さじ1をひいてバターを溶かし、玉ねぎを弱火でしんなりするまで炒めたら、冷ましておく。小さな器に牛乳を入れ、パン粉を浸す。

❷ ボウルにひき肉、溶き卵、❶を入れ、塩、黒こしょう、ナツメグをふる。ねばりが出るまでよくねり混ぜ、なたね油（分量外）を薄くぬった手のひらで2等分にし、空気を抜きながら丸くまとめる。

❸ フライパンに残りのなたね油を強火で熱し、❷を並べてまん中を少しくぼませる。すぐにふたをして強火のまま蒸し焼きにし、表面を焼きかためる。2、3分して、フライパンに当たっている面がカチッと焼けていたら上下を返す。再びふたをし、あとは弱火でじっくりと中まで火を通す。

❹ 竹串をさして、澄んだ肉汁が出てきたら器に盛り、つけ合わせを添える。

❺ ソース（P174）を作り、ハンバーグの上からかける。

つけ合わせ（粉ふきいも、絹さやの塩ゆで）

じゃがいも1個は皮をむいて乱切りにし、鍋にひたひたの水と塩少々を加えて強火にかけ、煮立ったら弱火でやわらかくなるまでゆでる。鍋のふたで押さえながら湯をきり、再び火にかけて水分をとばす。火を止め、ふたをして鍋をゆすって粉をふかせ、塩、黒こしょうをふる。
絹さや5、6枚はスジを取り、塩ゆでにする。

★ハンバーグソース

（1人分）

ハンバーグを焼いたあとのフライパンに残った脂を、軽く拭き取る。酒大さじ1と1/2、トマトケチャップ大さじ1/2、ウスターソース大さじ1を加え、スプーンで混ぜながら少し煮詰める。

◎残りのハンバーグで、2種。

『なすのグラタン』

❶ オーブンを220℃に温めておく。なす1本は、半分にしてから1cmの厚さに切って水にさらす。

❷ 水けをきったなすに小麦粉をまぶす。フライパンに多めのなたね油をひき、なすを並べて強火で両面を焼く。オーブンで焼くので、中まで火が通っていなくても大丈夫。

❸ 耐熱皿か鉄のフライパンに薄くバターをぬり、❷のなすを敷き詰める。さらに「トマトソース（P42）」1/2量を広げる。ハンバーグ1/2個をポロポロにくずしてのせ、「ホワイトソース（P43）」1/2量を重ねる。

❹ 溶けるチーズをふりかけ、オーブンで20分ほど焼く。

『メンチカツもどき』

❶ つけ合わせのキャベツはせん切りにし、水にさらしておく。

❷ ハンバーグ1/2個に小麦粉をまぶし、溶き卵にくぐらせてからパン粉をまぶしつける。衣は2度づけするとはがれにくい。

❸ フライパンに、少し多めの米油を弱火で熱し、フライパンを傾けて油を集めながら❷を揚げ焼きにする。器にキャベツと盛り合わせ、ソースをかけて食べる。

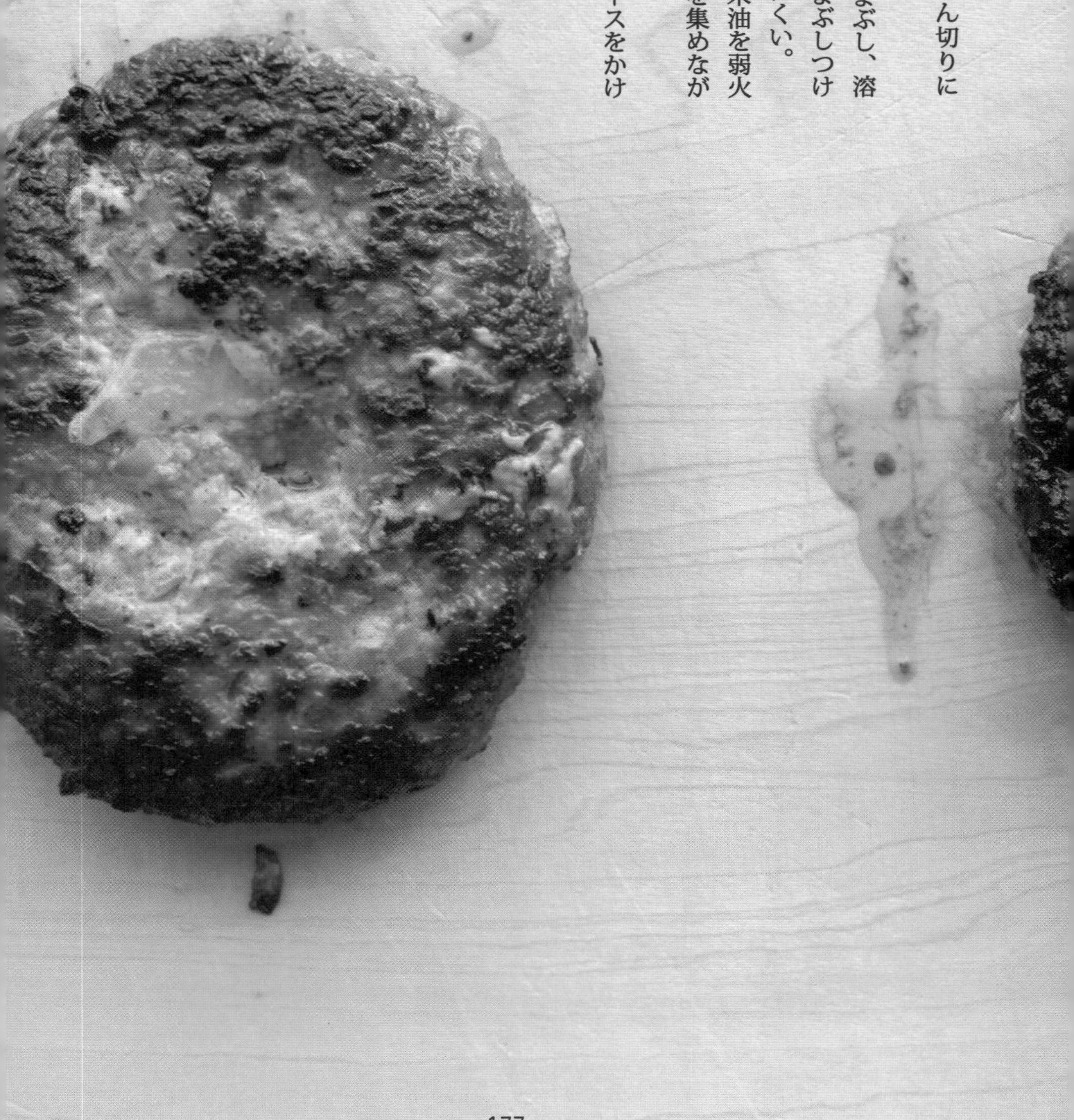

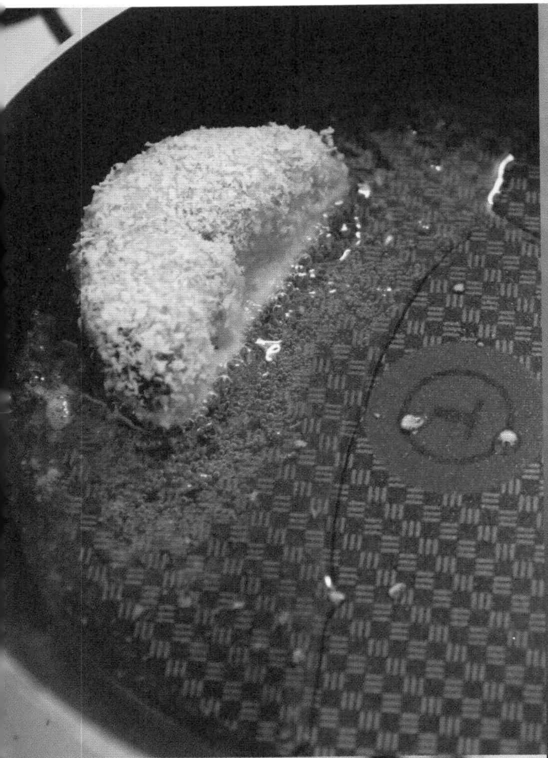

◎肉でも餃子のタネでも、残りは何でも
小分けしてラップに包み、冷凍しておく。

家の中でずっと仕事をしているとき、ウインナー１本に助けられることがある。

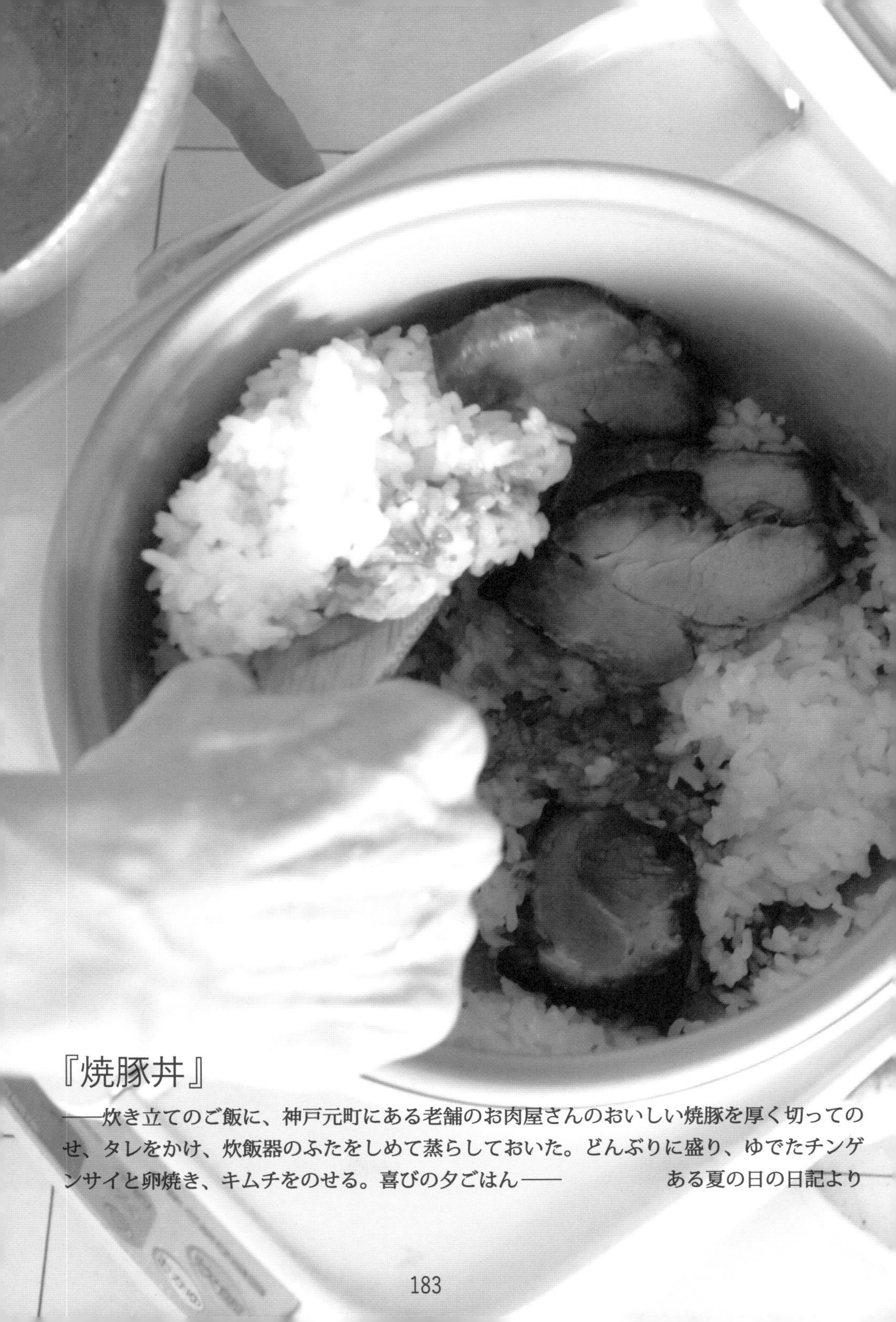

『焼豚丼』

――炊き立てのご飯に、神戸元町にある老舗のお肉屋さんのおいしい焼豚を厚く切ってのせ、タレをかけ、炊飯器のふたをしめて蒸らしておいた。どんぶりに盛り、ゆでたチンゲンサイと卵焼き、キムチをのせる。喜びの夕ごはん――　　ある夏の日の日記より

UKU

◎神戸の友人ひろみさんに教わった、野菜たっぷりのお好み焼き。

キャベツのほか白菜、菊菜、にら、椎茸など、野菜は何でも1種類ずつをのせ、小さめに焼く。

『ひろみさんのお好み焼き』

（2枚分）

❶ ボウルに小麦粉大さじ4と、大さじ8強の水をよく混ぜ合わせ、サラッとした生地を作る。キャベツ1/8個は7㎜幅の細切りにする。

❷ フライパンになたね油を薄くひいて熱し、小さめのお玉1杯分の生地をフライパンの端の方に流し入れる。火加減は弱火と中火の間。

かつお節を手でもんでのせる。

↓

キャベツをこんもりと重ねる（少しくらい生地からはみ出しても気にしない）。

↓

豚バラ薄切り肉2枚は、キャベツの上から切らずにぐるりとカーブさせたり、手でちぎったりしながらのせる。

↓

豚肉の上から生地をほんの少しかける（野菜と肉をつなぐ接着剤の役目）。

❸ ヘラで動かして、すべるようだったらまわりから追い油をし、カリッと焼けたら裏返す。生地が焼ける熱でキャベツが蒸されるので、決してフライ返しで押さえつけないこと。肉に焼き目がつくまで焼く。

❹ フライパンの空いているところに卵1個を割り入れ、フライ返しの角を卵黄にチョンと当ててくずす。

↓

すぐに❸を持ち上げて卵の上に重ね、半熟に焼き上げる。

❺ 卵の面を上にして皿に盛り、どろソースをかけ、マヨネーズをしぼる。

◎パスタのこと。

ひとり暮らしをする前には、手軽にできるからパスタの出番が多くなりそうだなと思っていたのだけど、ちがった。スパゲティーはなんかさびしい。ひとりでパスタの長いのを食べるのはわびしい。その点、ショートパスタはいい。フォークでつきさす食べ方が、子どもじみているからかな。

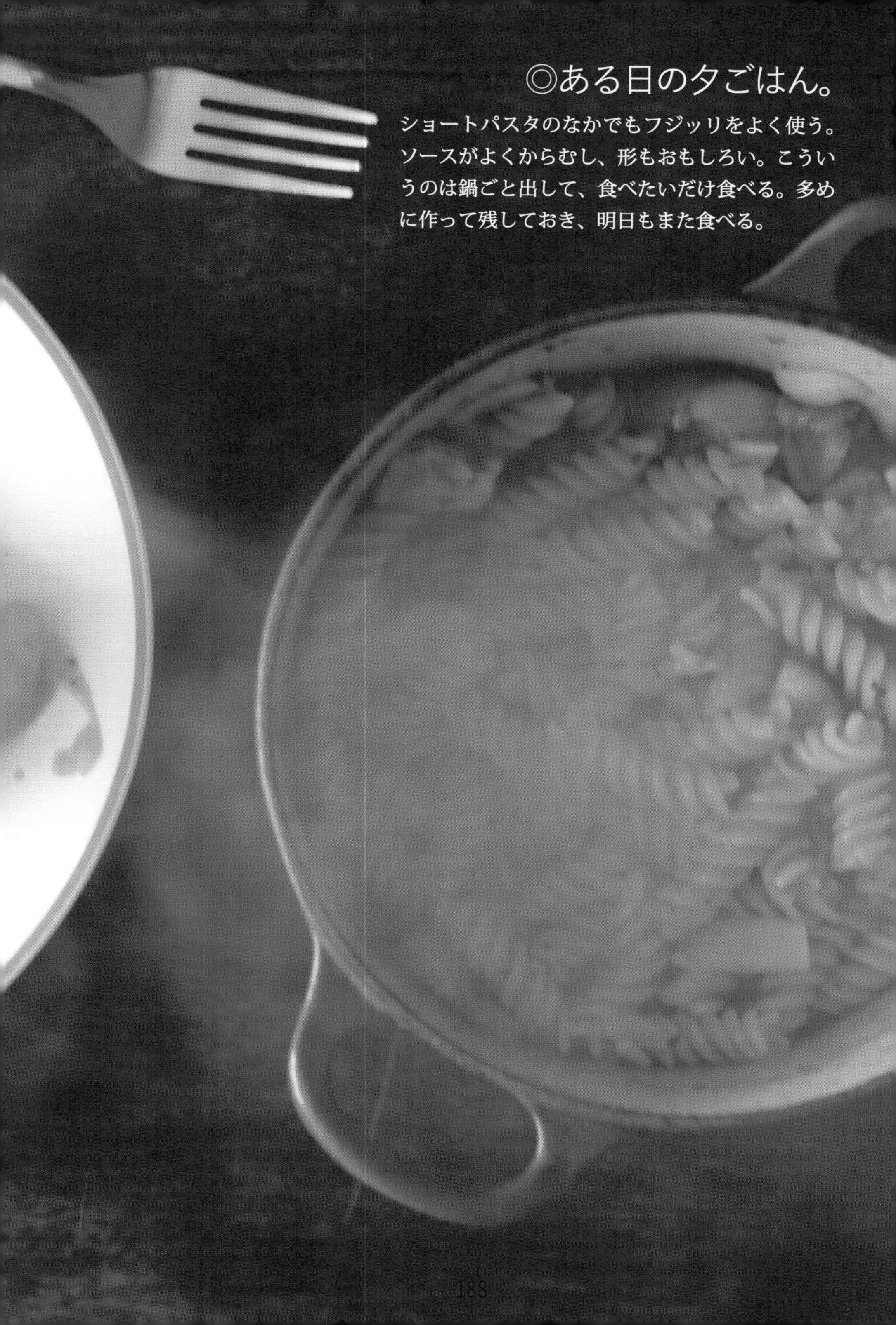

◎ある日の夕ごはん。

ショートパスタのなかでもフジッリをよく使う。ソースがよくからむし、形もおもしろい。こういうのは鍋ごと出して、食べたいだけ食べる。多めに作って残しておき、明日もまた食べる。

『フジッリのトマトソース』

❶ 粗挽きウインナー２本は斜め厚切り、椎茸１枚は軸を縦に薄切り、かさも薄切りにする。

❷ 厚手の鍋になたね油大さじ 1/2 を中火で熱し、ウインナーと椎茸を炒める。椎茸に軽く火が通ったら、「トマトソース（P42）」1/2 量を加えてしばらく煮る。

❸ 大きめの鍋に湯を沸かし、塩を加えてフジッリ 130g をゆでる。パスタがゆで上がるころ、❷の鍋にゆで汁をお玉１杯加える。煮立ったらバター 20g、トマトケチャップ大さじ１〜２を加え、バジル（乾燥）をひとふりする。

❹ アルデンテにゆだったフジッリを❸に加えて和える。器に盛り、粉チーズをふりかけて食べる。

『かぶのオイル焼き』

❶ 大きめのかぶ１個は根元の葉を少し残して切り落とし、かたそうなところだけ皮をむく。

❷ １cm 厚さの輪切りにし、水に放って葉の間の泥を落とす。

❸ フライパンになたね油小さじ１を強火で熱し、かぶを並べる。焼き目がつくまで返さずにじっくりと焼き、裏側も焼いて塩をふる。

◎野菜が、やさしくしてくれる。

◎鍋でくったり煮る。
オリーブオイルで蒸し煮にする方法もあるけれど、油はそこまでたくさん入れない。どちらかというと和風。野菜に少しの塩をふり、野菜自身の水分だけで煮えるような火加減にする。

『かぶと、かぶの葉の蒸らし炒め』

❶ 大きめのかぶ1個は葉を切り離し、かたそうなところだけ薄く皮をむく。半分に切ってから、1㎝厚さのひと口大に切る。葉は2㎝長さのざく切り。

❷ 厚手の鍋になたね油小さじ1を入れ、強火にかける。鍋が温まる前にかぶの実を入れ、上から葉を加えて、油をまとわせるようにざっと混ぜる。

❸ 塩ふたつまみを加え、パチパチしてきたらふたをする。音を聞いて、蒸気が上がってきているのを感じたら弱火にする。ときどきふたを開け、煮え具合を見ながら混ぜる。ふたについた水滴はかぶから出た水分なので、鍋中に落とす。

❹ 火を止めてからも余熱でどんどん煮えていくから、少し歯ごたえが残るくらいで火を止める。

＊

葉の色が褐色になるくらいに、くたくたになるまで煮たのもおいしい。

☆残ったら鍋のままとっておいて、コンソメスープや牛乳でのばし、ウインナーを加えてスープにすることもある。

『白菜の蒸らし炒め』

白菜はちょっと古くなってるくらいが、またおいしい。特に芯の黄色いところ。塩は少なめにして、薄口醤油を落としてもいい。柚子皮を刻んでのせたり、ごまをふったり。汁が出たら、それごとよそって飲んでみて。おいしいから。

❶ 白菜1/8個は、縦に長くなるように3㎝幅のそぎ切り。

❷ 蒸らし炒めの仕方はかぶと同じ。塩をふたつまみ、なたね油も小さじ1。もっとこっくりさせたい場合は大さじ1に。

*

白菜から出てくる水分が足りないようなら、手で水をふりかけて。

◎セイロで蒸す。

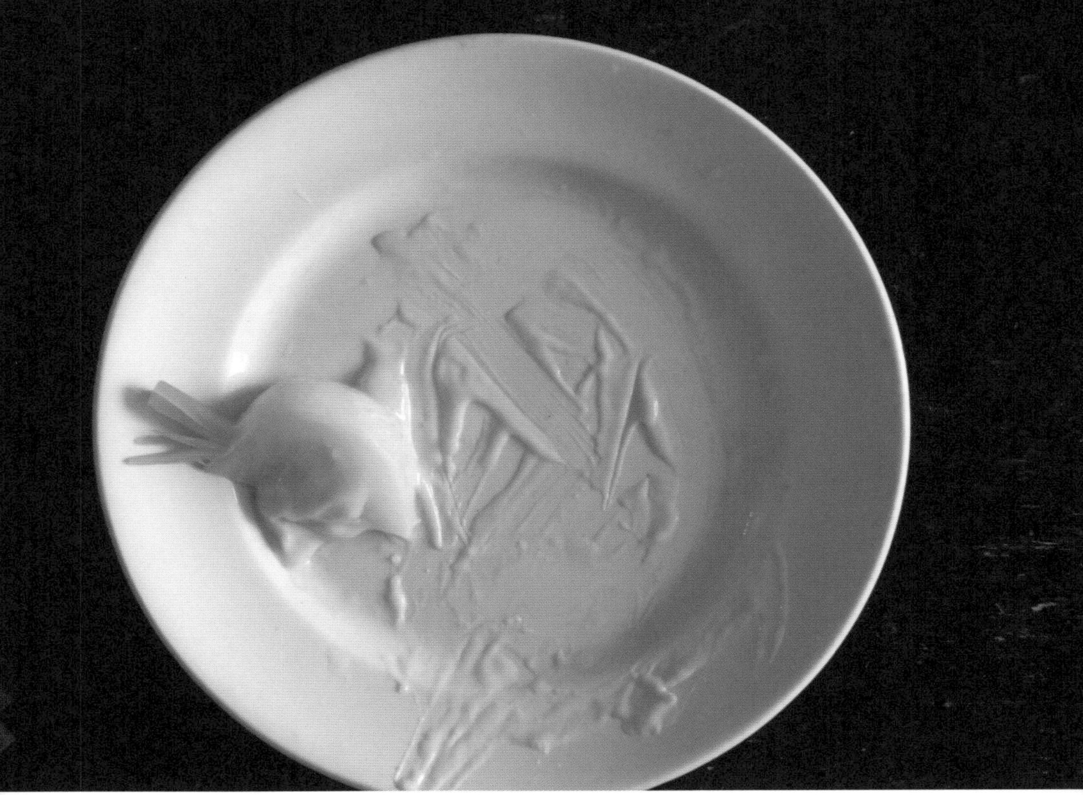

『かぶのセイロ蒸し』

歯ごたえを残したいかそうでないかによって、蒸し時間は自由だけれど、竹串をさしたらすっと通り、透き通っているところとそうでないところがあるくらいがおいしいなと思う。蒸し上がったら塩をふるだけでも十分。手作りマヨネーズがあればのせて、熱いうちに食べてみて。白ワインにとても合う。ご飯のおかずには、マヨネーズの上から醤油をたらり。

❶ 大きめのかぶ1個は根元の葉を少し残して切り落とし、かたそうなところだけ薄く皮をむく。8等分のくし形に切り、水に放って葉の間の泥を落とす。
❷ セイロにかぶを並べ入れる。
❸ 鍋に湯を沸かし、❷をのせて強火で蒸す。

『かぶの葉のセイロ蒸し』

あっという間に火が通るので、気をつけて。熱々のまま器に盛ってもいいし、ざるに上げて流水をかけ、冷やしてからでもいい。ごま油をまわして、すりごまと塩をふるだけ。

❶ かぶの葉は４cm長さに切り、セイロに広げる。
❷ 鍋に湯を沸かし、❶をのせて強火で蒸す。

◎手すりごまの仕方。

すり鉢がなくても、手のひらの上でひねれば半ずりになる。ごまはすらないと、体に吸収されないそうだから。

左手の手のひらにいりごまをのせ、すり鉢の形にすぼめておく。右手の中指、人差し指、親指を使ってひねる。小さじ1くらいの量がやりやすい。

TOTO
GREEN MAX4.8
新ピュアレスト QR
全て込み
茨城県では、
経営の安定

◎野菜は、本当は常温が好きなんだと思う。

地面に生えているのを抜いたら、もう劣化がはじまっている。冷蔵庫は
野菜室でも寒いので新聞紙で包み、ビニール袋に入れて厚着をさせる。
野菜を買ってきたら、料理して最後まで食べたいから。

白菜はいちばん外側の葉で切り口をおおって、新聞紙で包む。
青菜の類は買ってきた日に束をほぐし、水に浸けてピンとさせてから
新聞紙でゆるく包む。そしてビニール袋。大根やにんじんは、袋に入った
まま厚手のビニール袋に入れて二重にするだけで、ずいぶん長持ちする。

◎じゃがいもは芽が出ていても気にしない。

皮が緑色にさえなっていなかったら大丈夫。芽が伸びても、しわが寄っても、甘くなっていて、そっちの方がおいしくてびっくりすることがある。水分が抜けて味が濃くなるんだと思う。ほんと、捨てない。ぜったいに何かに使えるから。緑色になったところは食べてもおいしくないので、切り落とす。

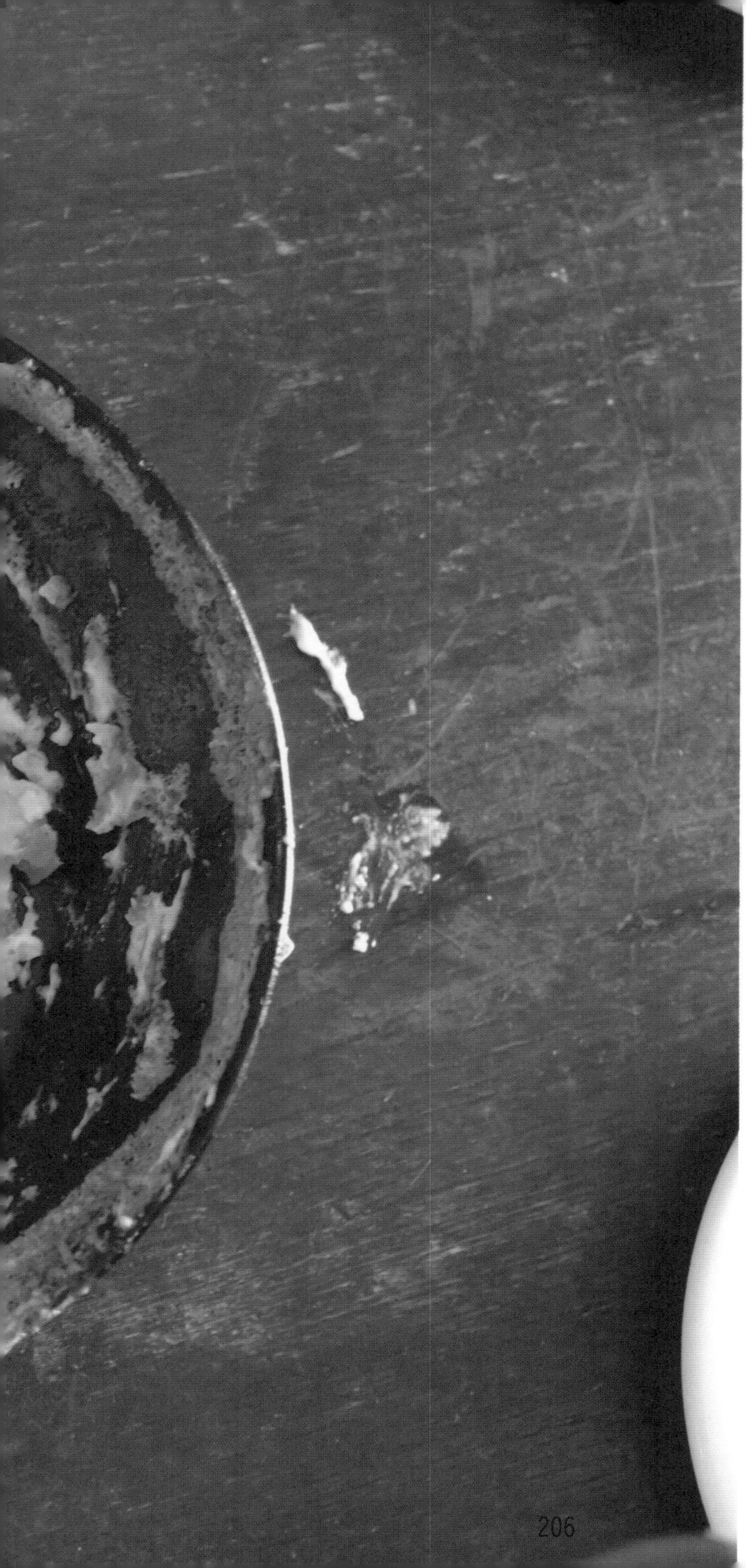

L'ECONOME
INOX FRANCE
L'ECONOME

『ドフィノア』

クリームとじゃがいもが煮詰まった味はおいしい。チーズの塩分があるから、塩はほんのちょっと。これでしょっぱかったら、じゃがいもの味がしなくなる。あと、にんにくも多すぎちゃダメ。クリームにほどよいとろみがつくよう、じゃがいもはわざと水にさらさない。神戸の友人、今日子ちゃんに教わったレシピ。

❶ 小さめの鉄のフライパンを用意する。オーブンは220℃に熱しておく。
❷ じゃがいも2個の皮をむき、5㎜厚さの輪切りにする。
❸ 切ったじゃがいもをボウルに入れ、おろしにんにく1/3片(1/4片かもしれない)、ナツメグ(できればホールを削るとよい香り)適量、塩ひとつまみ強を加え、ざっくり合わせる。
❹ フライパンにじゃがいもをずらしながら重ね、ぐるりと並べる。
↓
牛乳と生クリームを半量ずつ、じゃがいもがひたひたに浸るまで注ぎ入れる。
↓
火にかけ、くつくつ煮る。最初は強火。煮立ったら弱火で。火が入りにくいようだったら、アルミ箔をふんわりかぶせて。吹きこぼれても大丈夫。煮え加減がまばらでも大丈夫。じゃがいもはいろいろなかたさのものがあるくらいがおいしい。
❺ 八分通り煮上がったら、好きなチーズをすりおろし、オーブンに入れて焼き目をつける。

夏

いちばんよくやるのは、
つやつやした夏の野菜を買ってきて、
ただ焼くだけ。あるいは
切って塩をふるだけ。
夏は苦みがおいしい。
あと、シャキシャキしたものも。
青菜だとモロヘイヤかツルムラサキ。
小松菜やほうれん草は、やっぱり冬がおいしい。

◎トマト

トマトは塩にかぎる。
くし形に切って、塩をふるか添えるだけ。

＊

横半分に切ったトマトを、なたね油で焼いて皿に盛り、にんにく、玉ねぎ、豚ひき肉をバター醤油味で炒めたものをのせた「トマト焼き」も、ときどき食べる。

◎きゅうり

『きゅうりと青じその塩もみ』

きゅうりは塩もみにしておくと、生のままより保存がきく。塩をもみ込まないのは、おいしい水分をきゅうりの体に残したいから。青じそは切ったあとで軽くもみながら加える。そうするとしんなりしたもの同士、なじみやすい気がする。

❶ きゅうり1本を厚めの輪切りにする。ボウルに入れ、塩を4本指でひとつまみふり、指を開いた手のひらでやさしくなじませる。

❷ しばらくして水が出てきたら、青じそ2枚を細切りにして合わせる。出てきた水分ごと保存容器へ。

◎ゴーヤー

『焼きゴーヤー』

厚めに切って、鉄のフライパンで焦げ目がつくまでじりじり焼いたら、塩をぱらりとふってフライパンごと出す。

＊

カラッと焼きたいときには油は少なめ。多めにすると油を吸って、中までじっとり焼ける。夏の夕暮れに、こういうのをつまみに窓辺でビールを一杯。

◎なす

なすはガクのひらひらを手でちぎってから、ヘタのつけ根を切り落とせば、実のぎりぎりまで食べられる。

『なすの油焼き』

いちばん好きな夏のおかず。厚めに切って、油をジュッとしみさせる。なたね油のこともあるし、ごま油のこともある。油はちょっと多め。うちの実家では焼きなすといったらこれだった。お昼も夕ごはんも、母が作るのはもうこればっかり。

❶ なす1本はヘタを落とし、長さを半分にしてから厚切りし、水に放つ。
❷ フライパンに油をひいて、水けを拭いたなすを並べる。焼き目がついたら裏返す。足りなかったら追い油をしながら、食べたい色になるまで何回でもひっくり返して焼く。
❸ 器に盛り、醤油と七味唐辛子。
☆かつお節をのせることもある。

『皮をむいたなすのセイロ蒸し』

蒸し立ては翡翠色。お客さんに出すと、みずみずしい味にみんなひっくり返る。なすは水に長く浸すと色がくすんだり、種のブツブツが浮き出てしまうので、セイロの鍋の湯を沸かしながら切るくらいがちょうどいい。九州の皮の薄い長なすでやると、もっとおいしい。むいた皮は水に浸けておいて、すぐに刻んでしば漬けにする。

❶ なす1本は縦に皮をむく。むいた皮は水に浸しておく。切り方は縦長の乱切り。このサイズがおいしさに関係している。切ったものからすぐ水に放つ。

❷ 鍋に湯を沸かし、セイロになすを並べて蒸す。いちど様子をみて、場所を変えたり裏返したり。菜箸やトングでつかんでみて、ぶかぶかした感じになったら蒸し上がり。蒸しすぎると水分が逃げて縮んでしまうので、ちょっと早いかなというくらいで器に盛る。

☆お酒のつまみには、ごま油と塩をふるだけがいい。
☆ご飯のおかずは、ごま油をまわして醤油をちょっと。

MEASURE
100
200
300

『なすの皮のしば漬け』

すぐに食べられるけど、翌日からきれいな赤紫に染まって、しば漬けらしい味になる。

(作りやすい分量)

❶ 水に浸けておいたなす1本分の皮は、斜め細切り。ボウルに移し、塩をちょっと多めにふり、ぎゅっぎゅっと力を入れてすぐにもむ。水を少しかけてアクを出したら、洗い流し、水けをかたくしぼる。

❷ みょうが1個は縦半分にして斜め薄切り、青じそ2枚は細切りにする。

❸ ❶と❷、梅干し1個を種をつけたままボウルに入れ、手でよくもんで合わせる。

☆空きビンに移し入れ、冷蔵庫へ。2週間ほど保存できる。

◎オクラ

オクラはガクのまわりをぐるりとむいて、沸騰した湯でゆで、ざるに上げてさっと水をかける。まだ温かいくらいで小口切りにする。意外と早くゆだるので気をつけて。

◎ゆでたオクラで、3種。

◉オクラ3本とみょうが1個を刻み、味のついたもずくに混ぜて食べる。

◉オクラ2本を小口切りにし、梅干し1/2個をたたいて醤油をほんの少し混ぜたものをのせ、ごま油を少したらす。

◉オクラ2本を小口切りにし、塩をふるだけでもいいし、ポン酢醤油とごま油をかけてもおいしい。

◎ピーマン

ピーマンは生でも食べられる。それに、びっくりするほど日持ちがするので、夏の間はいつも冷蔵庫にある。

『ピーマンの塩もみ』

❶ ピーマン1個は縦半分に切ってヘタとワタを取り、横に細切り。まな板の上で塩ひとつまみをふって、きゅっきゅと2、3回もむ。

❷ 器に盛ってちりめんじゃこをのせ、ごま油をたらり。醤油を落としてもいい。

『ピーマンのワタごと焼き』

ワタごとフライパンで焼いて、醤油をジュッと。

❶ 小さめのピーマン4個はヘタだけ取って、ワタごと縦4等分に切る。

❷ 鉄のフライパンになたね油小さじ1をひき、皮側を下にしてピーマンを並べる。油が多いと炒めもののようになってしまうので、強火で焼きつけるような感じ。焦げ目がついたら返す。

❸ 両面が焼けたら（裏面は焼きすぎないように）、鍋肌に醤油をジュッとひとまわし。

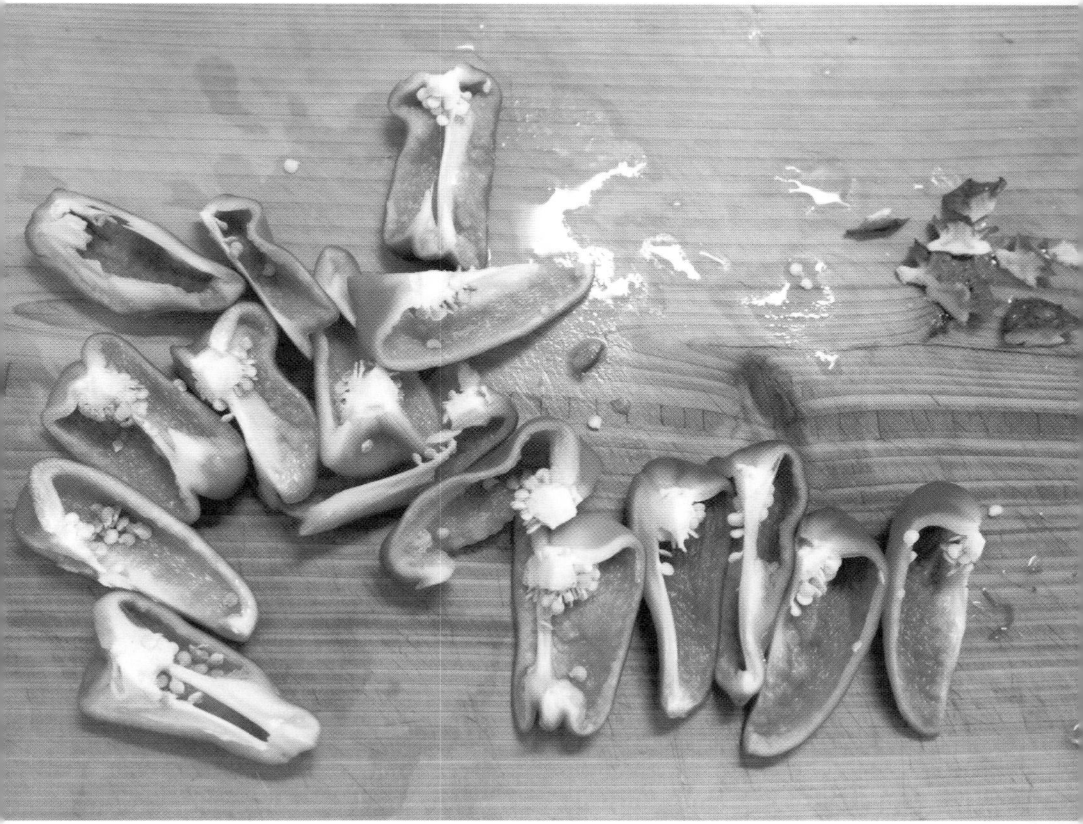

『カンタン青椒肉絲《チンジャオロース》』

——細く切った豚肉に、塩、きび砂糖ふたつまみ、酒をまぶしておいてごま油で炒め、いちど取り出してからピーマンを炒める。軽くしんなりしたら豚肉をもどし入れ、ざっと合わせて醤油を少し。肉に片栗粉をまぶしたり、にんにくも加えなかったけど、ひとりのごはんは適当に作ったこういうのがいちばんおいしい——

ある夏の日の日記より

❶ 豚のこま切れ肉60gは細切りにし、きび砂糖ふたつまみ、酒小さじ1、ごま油小さじ1、黒こしょうをもみ込む。

❷ ピーマンを切っている間に、味をなじませておく。ピーマン1と1/2個はヘタとワタを取って、縦に細切り。

❸ フライパンにごま油小さじ1を熱し、強火で豚肉を炒める。火が通ったらいったん取り出す。

❹ 同じフライパンにごま油小さじ1を熱し、ピーマンを炒める。塩を少しふって（ピーマンがかたいと思ったら手水をふる）、肉をもどし入れ、仕上げに醤油少々をからめる。

◎ツルムラサキ

『ツルムラサキと豚肉の醤油炒め』

❶ 豚バラ薄切り肉80gは3cm幅に切り、にんにく1/2片のすりおろし、酒小さじ1、塩、黒こしょうをもみ込んでおく。ツルムラサキ3本は葉を4cm長さのざく切り、茎の太いところは斜めそぎ切りにする。

❷ フライパンにごま油大さじ1/2を熱し、強火で豚肉を炒める。白っぽくなったら、ツルムラサキの茎だけ加えて炒め合わせる。七割方火が通ったら、葉も加えて炒める。

❸ 塩ひとつまみ、酒大さじ1、醤油少々を加えてからめる。

『ツルムラサキのオイスターソース炒め』

❶ ツルムラサキ4本は葉を4cm長さのざく切り、茎の太いところは斜めそぎ切りにする。にんにく1/2片は薄切りにする。

❷ フライパンにごま油大さじ1弱を熱し、フライパンを傾けて油を寄せ、にんにくを炒める。香りが出てきたらツルムラサキの茎を加えて炒める。七割方火が通ったら、葉も加えて炒め合わせる。

❸ 酒大さじ1、オイスターソース小さじ1を加えてからめ、仕上げに醤油を少し。黒こしょうをひいてでき上がり（*写真はなし）。

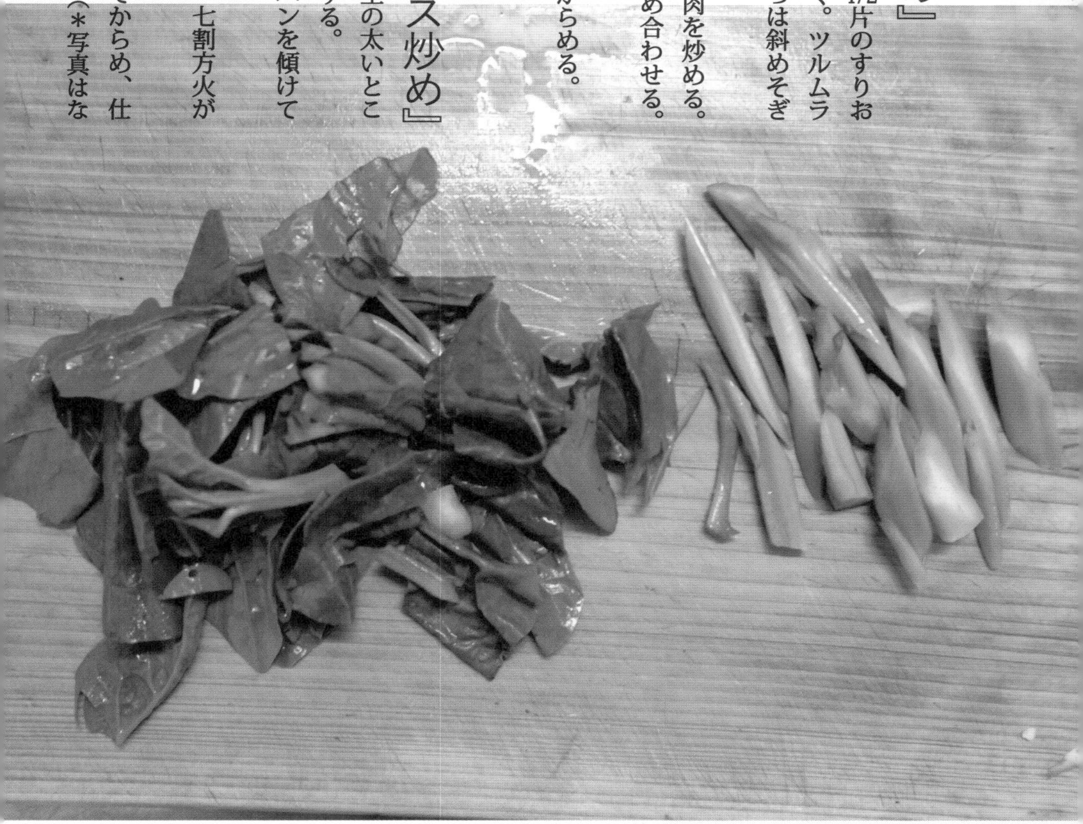

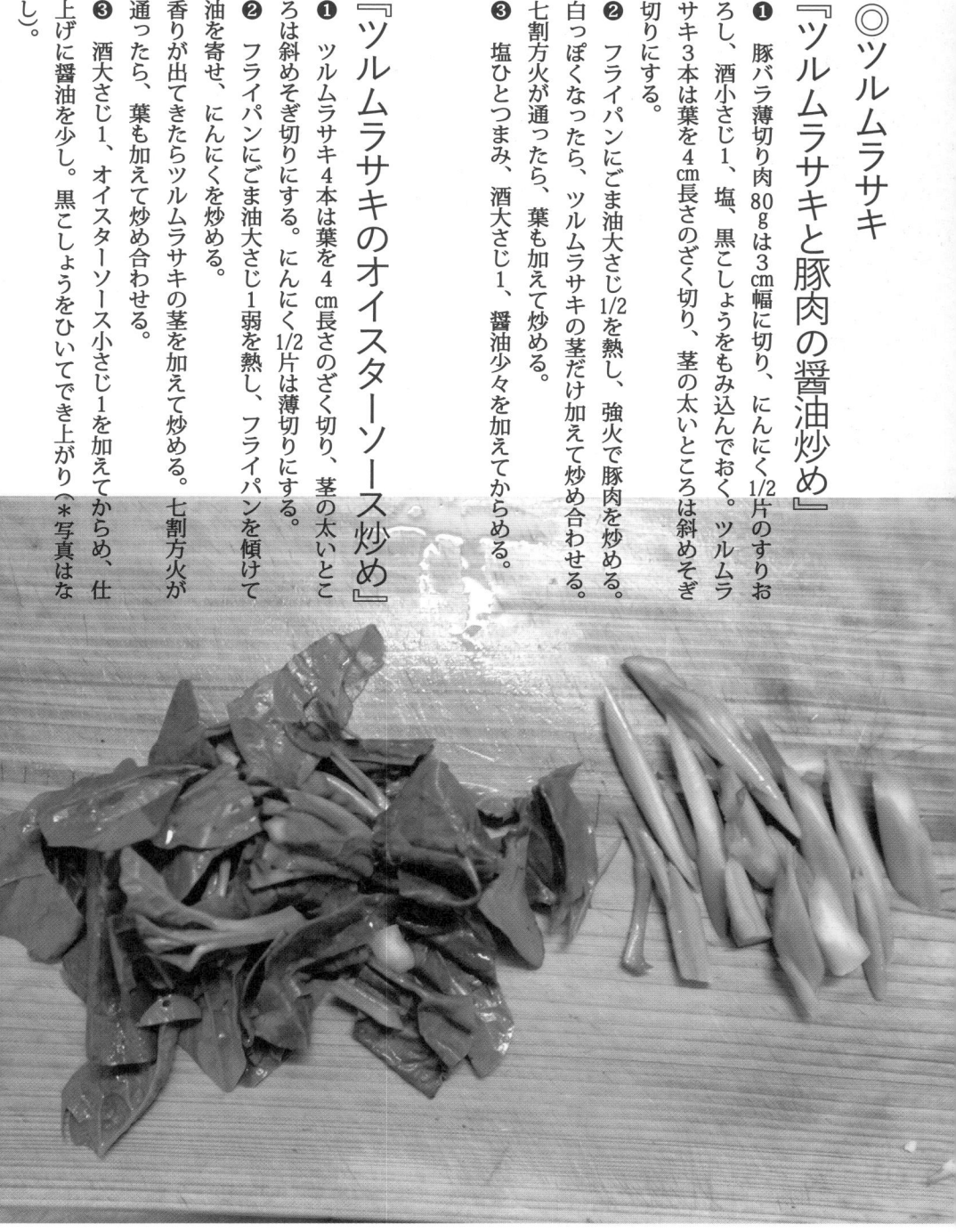

◎モロヘイヤ

モロヘイヤは買ってきた日に
1束分いちどにゆで、食べやすく
切って容器に入れておく。
夏は、これさえあれば安心。

◎モロヘイヤのゆで方。

❶ モロヘイヤは茎の先のかたそうなところだけ切り落とす。
❷ 鍋に湯が沸いたら茎の方からしずめ、ひと呼吸おいて葉もしずめて、すぐに引き上げる。ざるに上げて冷水をかけ、水けをしぼる。

*

2cmほどの長さに切って容器に入れておくと、おひたしにも汁ものにも使える。細かく切って味のついたもずくと合わせ、柚子こしょうを添えて冷や奴にのせてもおいしい。

TAKAYUKI

『モロヘイヤとささみの和えもの』

「ゆでささみ（P146）」1本を食べやすい大きさに手でさき、ゆでたモロヘイヤと和える。ごま油をまわし、塩をふってほぐしながら器の中で合わせ、すりごまをふる。柚子こしょうやわさびを混ぜてもおいしい。

『モロヘイヤのおろしのせ』

ゆでたモロヘイヤを器に盛る。ポン酢醤油で味をつけた大根おろしをのせ、七味唐辛子をふる。

◎夏の水出し茶

ジャスミンティーに緑茶を少し混ぜるのが気に入っている。

◎水なすのぬか漬けを買ってきたら、ぬかは捨てずにとっておく。ひとりだと、これくらいの量がちょうどいい。

水なすをおおっているぬかを容器に移し、冷蔵庫で保存しながら、大根、にんじん、なす、きゅうりなど、残り野菜に塩をまぶして漬ける。水分が出てきたら、すくいすくいしながら、夏から冬のはじめくらいまでたのしめる。

◎ある日の夕ごはん。

『いかのワタ炒め』

夏の小さめのいかを買ってきて、なたね油、にんにく、バターで炒め、ワタを加えて炒りつける。仕上げに酒と醤油をジュッ。

◉モロヘイヤのおひたし
（かつお節と醤油）
◉ひじき煮
◉塩むすび
◉お茶

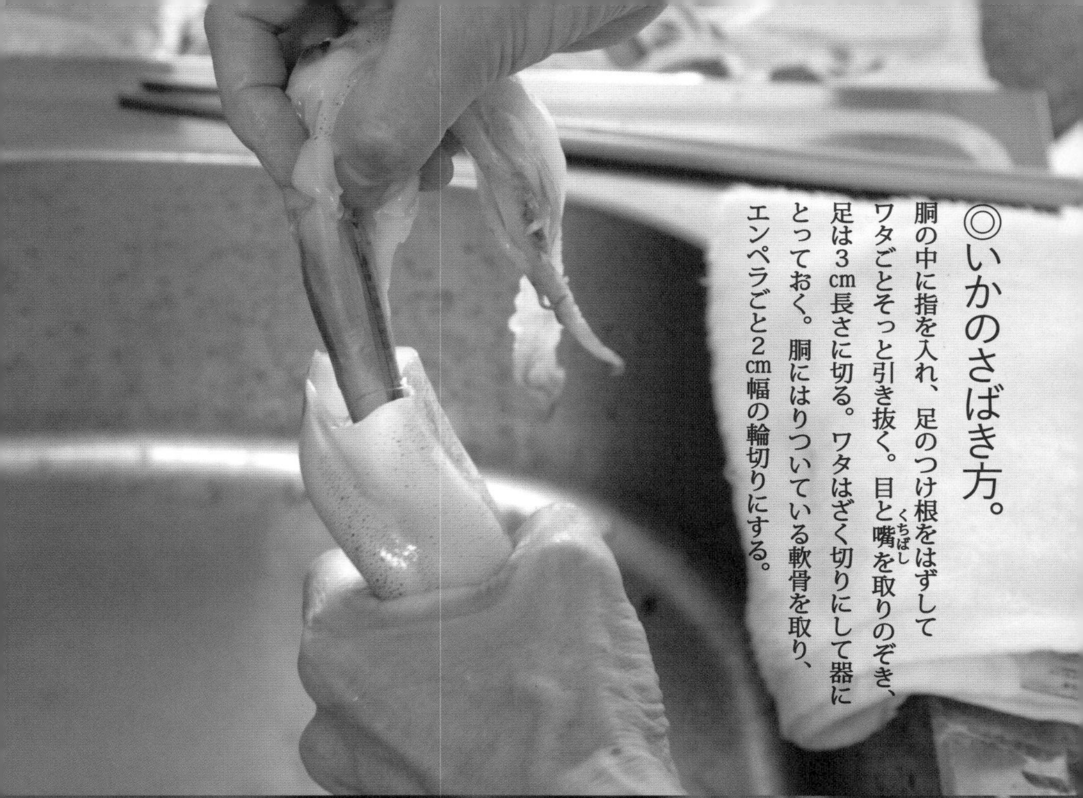

◎いかのさばき方。

胴の中に指を入れ、足のつけ根をはずしてワタごとそっと引き抜く。目と嘴《くちばし》を取りのぞき、足は3㎝長さに切る。ワタはざく切りにして器にとっておく。胴にはりついている軟骨を取り、エンペラごと2㎝幅の輪切りにする。

『いかワタカレー』

「いかのワタ炒め（P252）」は半分残しておいて、後日、カレーに。

❶ 小さめの鍋で玉ねぎとなすを炒める。
❷ いかのワタ炒めを加え、水を注いで弱火で煮る。
❸ なすがやわらかくなったら、カレールウを加え、なじむまで混ぜながら煮る。
❹ ご飯にかけ、「紫玉ねぎの即席ピクルス（左ページ）」を添える。

『紫玉ねぎの即席ピクルス』

❶ 紫玉ねぎ1/2個をひと口大の四角に切ってボウルに入れ、塩小さじ1/2、きび砂糖大さじ1をまぶしておく。

❷ 浸透圧で水が出てきたら、水けをきらずに酢を大さじ1加える。

☆空きビンに入れて冷蔵庫へ。シャキシャキとしていつまでもおいしい。

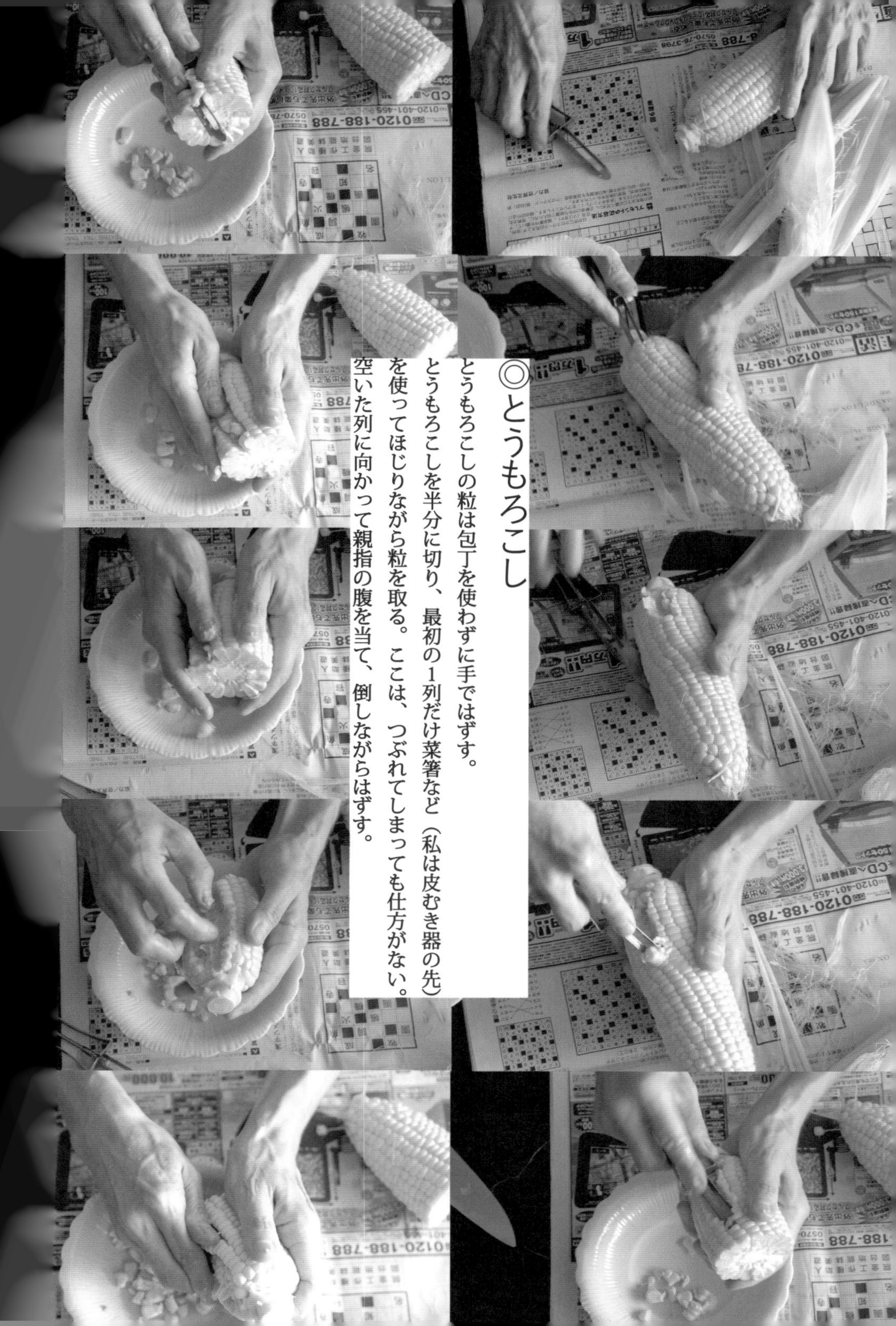

◎とうもろこし

とうもろこしの粒は包丁を使わずに手ではずす。
とうもろこしを半分に切り、最初の1列だけ菜箸など（私は皮むき器の先）を使ってほじりながら粒を取る。ここは、つぶれてしまっても仕方がない。
空いた列に向かって親指の腹を当て、倒しながらはずす。

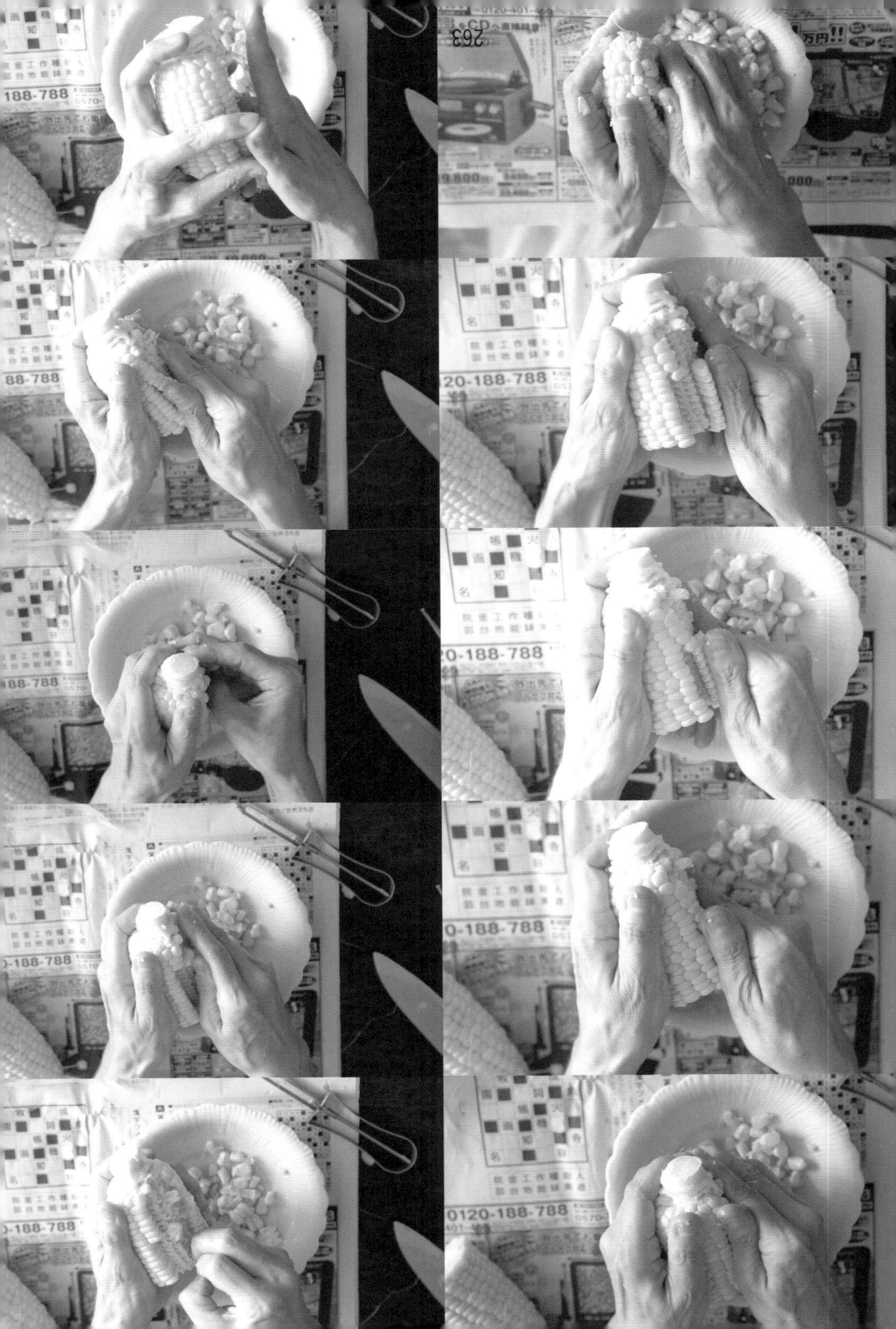
0120-188-788

『とうもろこしご飯』

（4人分）

❶　米2合をといで炊飯器にセットする。酒大さじ1、塩ひとつまみを加えて混ぜ、いつもの水加減にする。30分ほど浸水させる。

❷　とうもろこし1本分の粒を❶の上に広げてのせ、ごま油小さじ1をまわしかけ、炊く。

☆残ったご飯はラップに包んで冷蔵庫へ。チャーハンにするのがおたのしみ。

◎『とうもろこしご飯』の残りで、チャーハン2種。

どちらも、とうもろこしを焦がすくらいに焼きつけると香ばしい。

『鶏そぼろ入り』

❶ フライパンにごま油大さじ1弱を強火で熱し、「とうもろこしご飯」茶碗1杯分を広げては返し、よく炒める。

❷ 「鶏そぼろ（P152）」を加えて炒め合わせ、刻んだねぎといりごまを加える。味をみて足りなければ、塩、こしょう。

『ウインナー入りのケチャップ味』

❶ 粗挽きウインナー2本は小口切り、ピーマン1個は角切りにする。
❷ フライパンになたね油小さじ2を強火で熱し、「とうもろこしご飯」茶碗1杯分を広げては返し、よく炒める。
❸ ウインナーを加えて炒め、バター5g、ピーマンを加え、炒め合わせる。塩ひとつまみ、トマトケチャップ大さじ1、スイートチリソース（市販品）大さじ1弱で味をつける。
❹ 卵1個を溶きほぐし、牛乳小さじ2と塩で薄めに味をつけ、バター5gでふわふわに焼いてのせる。

◎プリッとしたウインナーの焼き方。

切り込みを入れたら、ぜったいにダメ。

粗挽きウインナーと、ひたひたよりも少なめの水をフライパンに入れ、火にかける。火加減は弱火と中火の間。フライパンを傾けて湯を集めながらゆでる。指でウインナーにさわるとはね返るような弾力があり、パンッと皮が張っていたらゆで上がり。こういうことをするときは、怖がったらよけいに熱い。指先を水で冷やしてからやってみて。湯を捨て、フライパンが乾いたら、ほんの2、3滴油を落としてフライパンをゆする。フッ素樹脂加工のものなら油をひかなくてもいいくらい。軽く焼き目がつき、パチッと1回音がしたら火を止める。

＊

ビールやワインのおつまみとしてもよく作る。人数分のフォークを支度しておいて、フライパンごと出し、お客さんに直接つきさして食べてもらう。

◎スイートチリソースは隠し味。

そのままだと甘みが強すぎるけれど、トマト味の料理にコクがほしいときにちょっと加えると、にんにく入りだからぐんとおいしくなる。冷蔵庫に入れておけば、びっくりするほど長もちする。

◎青じそ

コップに水を少し入れ、茎の先だけ浸しておく。厚手のビニール袋をふわっとかぶせ、冷蔵庫へ。上の棚に置くと、しもやけになりやすい。

＊

しおれてきたら水きりすると元気になるのは、花と同じこと。

◎しょうが

袋のまま冷蔵庫に入れると、しょうがの湿り気ですぐにいたんでしまう。袋から出してひと晩乾かし、紙で包んで厚手のビニール袋に入れ、冷蔵庫の野菜室へ。

◎みょうが

パックごと厚手のビニール袋に入れ、野菜室へ。

＊

生で食べるときには、刻んでからちょっと手でひねる。とがったところが口に当たらないし、つんつんした味がほどよくやわらぐ。姿もいきいきと、美しい。

◎細ねぎ

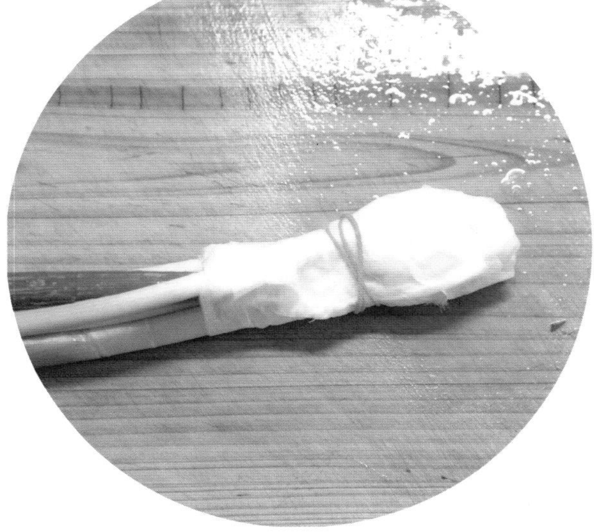

ぬらしたキッチンペーパーで根っこだけ巻いて、ビニール袋にもどし入れ、袋の口を輪ゴムでゆるくとめて冷蔵庫へ。キッチンペーパーが乾いてきたら、ときどき湿らす。葉先がいたんできたら切り落としながら……これで、1カ月もつ。

★ねぎ醤油

ねぎは新しいうちに刻んで空きビンに詰め、醤油をさしてよくふっておくと、香りのいいねぎ醤油ができる。ねぎからおいしい水分が出てくるので、醤油の量は控えめに（ビンの1/4くらい）。焼いた肉や、炊き立てのご飯にのせて食べると、やめられなくなる。焼いた肉やなす、れんこん、さやいんげん、冷や奴……何につけてもおいしい。鍋もののタレにしたり、チャーハンや炒めものの味出しにも使える。納豆に混ぜることもある。

◎ぶっかけそうめん3種。

ざるに上げたそうめんをひとりですするのは、なんとなくわびしいけれど、ぶっかけにすれば大丈夫。

『豆腐と焼きピーマン入り』

豆腐を入れるようになったのは、そうめんが半束しかないときに思いついた。これは名案！

❶ ピーマン2個は破裂しないように指先で穴をあけ、網にのせて強火で炙《あぶ》る。焦げたところを水で流し、こすり取りながら、半分に割ってワタと種を取り、食べやすく切る。

❷ どんぶりに希釈用のめんつゆを入れ、飲めるくらいの味になるまで冷たい水で薄める。

❸ そうめん1束をゆでてざるに上げ、流水でしめて❷に加える。絹ごし豆腐をスプーンでひとさじすくってのせ、ピーマン、水けをきった大根おろし、おろししょうが、ちりめんじゃこをのせてごま油をひとまわし。

『豆腐、納豆、オクラのぬるぬる』

❶ オクラ5本はヘタのまわりをぐるりとむいてゆで、水にさらし、小口切り。納豆1パックは添付の辛子とタレを半量ずつ混ぜておく。青じそ1枚は細切り、みょうが1/2個は斜め薄切り。

❷ どんぶりに希釈用のめんつゆを入れ、飲めるくらいの味になるまで冷たい水で薄める。

❸ そうめん1束をゆでてざるに上げ、流水でしめ、❷に加える。絹ごし豆腐をスプーンでひとさじすくってのせ、オクラ、納豆、青じそ、汁けをきった大根おろし、みょうがをのせる。

『夏野菜と天かす入り』

❶ ピーマン1/2個はワタを取り、切り口を下にして横に細切り。塩をふってもんでから水で洗って軽くしぼる。トマト1/2個は乱切り、みょうが1/2個は斜め薄切り、青じそ2枚は細切り。

❷ どんぶりに希釈用のめんつゆを入れ、飲めるくらいの味になるまで冷たい水で薄める。

❸ そうめん1束をゆでてざるに上げ、流水でしめ、❷に加える。トマト、ピーマン、みょうが、青じそをのせ、上からごま油をひとまわし。天かすを散らして七味唐辛子をふる。

◎夏は、辛子のきいた冷やし中華！

『冷やし中華』

❶ 卵1個を溶きほぐし、きび砂糖小さじ1/2、塩ひとつまみを加え混ぜて薄焼き卵を作る。冷めたら半分に切り、重ねてくるくる巻き、端から細く切る。

❷ ゴーヤー3㎝は半月形の薄切りにしてざるに入れ、塩をふってもむ。上から熱湯をかけ、水で流して青くささを取る。

❸ きゅうり1/2本は細切り、みょうが1個は半分にしてから斜め薄切り。「ゆでささみ（P146）」1本は手でほぐす。

❹ 中華麺はゆでて流水でしめ、水けをきって器に広げる。すべての具をのせ、添付のタレをかけてねり辛子を添える。

◎夏の夕暮れは『南風荘ビール』。

ロンググラスを冷凍庫でキンキンに冷やしておく。
水をつけた指先で、グラスの口をぐるりとぬらす。
小皿にとった粗塩の上でグラスをふせてまわし、まぶしつける。
グレープフルーツジュースをグラスの1/3ほど入れ、泡を立てながら上からビールを注ぐ。３５０mlの缶ビールでちょうど2人分。
私が働いていたレストラン「クウクウ」のマスター南 相吉さんが思いつき、命名した。敬意を込め、夏の空に乾杯。

お客さん料理

◎誰かにごちそうしたくなったら、ソーセージを仕込んでおく。

ソーセージは一期一会。
同じ材料で仕込んでも、いつも違う味のものができる。

大事なのは……
肉を買ってきた日に仕込むこと。
ひき肉は脂が多めの方が、肉汁がしみたのができる。

＊

少し手間はかかるけど、豚バラ肉やトントロを
粗く刻んで混ぜるのもおすすめ。合いびき肉を
加えたり、鶏レバーや砂肝を刻んで混ぜたこともある。

＊

自分の体の中にある腸と同じだと感じながらやると、
豚腸の扱い方がわかる。
詰めている途中でやぶれたら、そこで結んで切り離し、
また新しく詰めればいい。

＊

仕込みに向く季節は秋から冬の間、遅くても春先くらいまで。

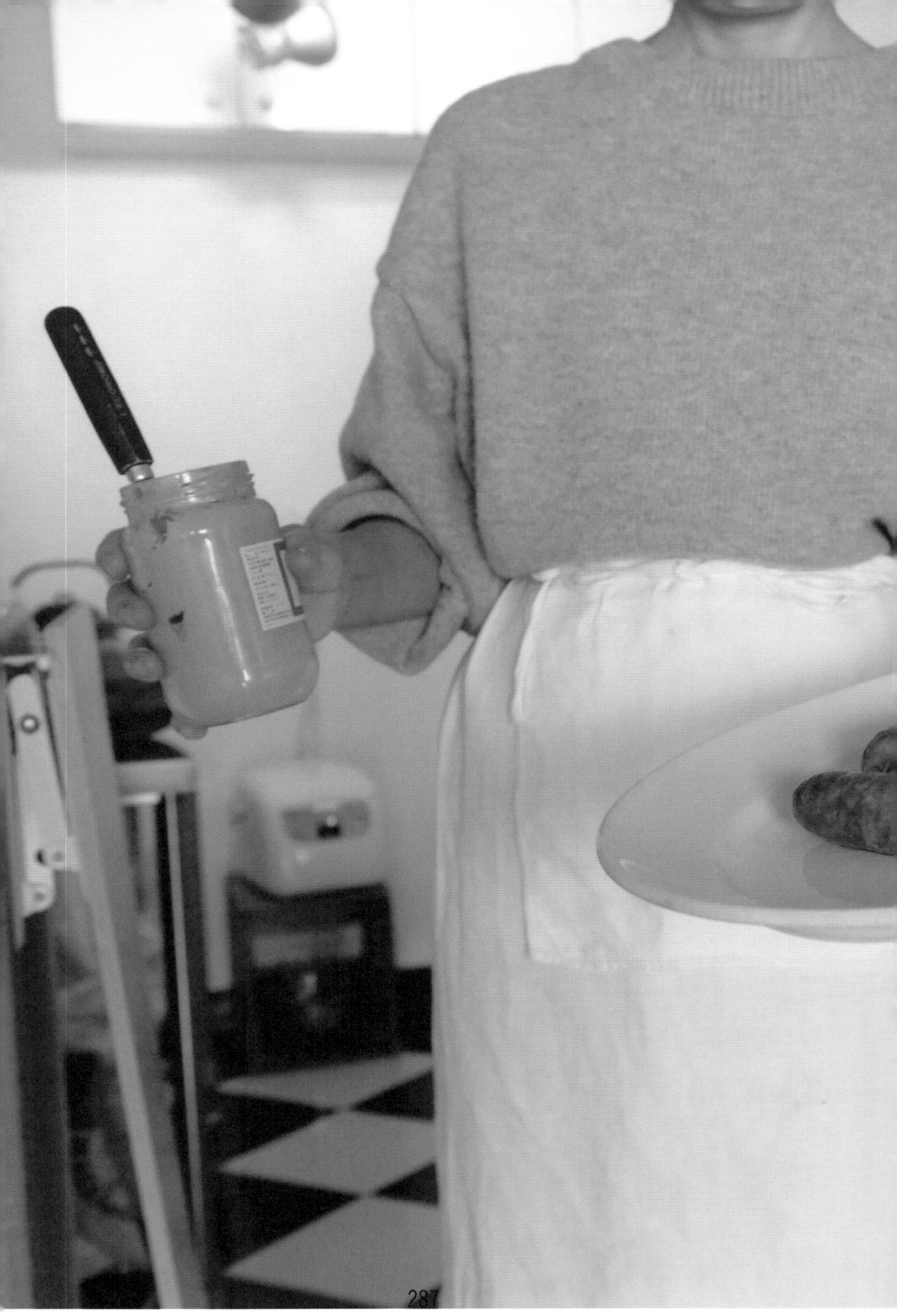

『自家製ソーセージ』

（4本分）

A～Dまで、4つの手順で作る。

準備。

豚腸70㎝を1時間ほど水に浸け、塩抜きする。

A　肉ダネを作る。

豚ひき肉　300g
塩　小さじ2/3
おろしにんにく　1/3片分
ナツメグ　7ふり
セージ　7ふり
チリパウダー　1ふり
黒こしょう　適量

ボウルに材料をすべて入れ、混ぜる。

↓

60～70㎖の冷水を加えてねる。

＊

指を広げ、かくはん機になったつもりで。かといってねりすぎるとねっとりした舌ざわりになってしまうので、ほどほどに。水の量は、自力でしぼり出せそうなかたさにするのが目安。

B　腸に詰める。

しぼり出し袋に口金をセットし、Aの肉ダネを詰める。

↓

腸の水けを拭き取って、口金の先に端をくぐらせ、指の腹でたくし上げていく。爪で腸をやぶらないように、やさしく。

↓

腸の先を10cmほど引き出し（あとで結ぶ）、ゆっくりしぼり出す。片手で口金を押さえながら、少しずつ腸を引き出して、均等の太さになるように。しぼり終わったら、腸の先を結ぶ。

*

ねじって形作る。詰め終わったソーセージは、半分の長さのところで2、3回ねじり、2本の状態にする。

↓

さらにその半分で2本いっしょにねじり、どちらか一方の端を輪の中にくぐらせる。空気が入ったところには針をさし、小さな穴をあける。

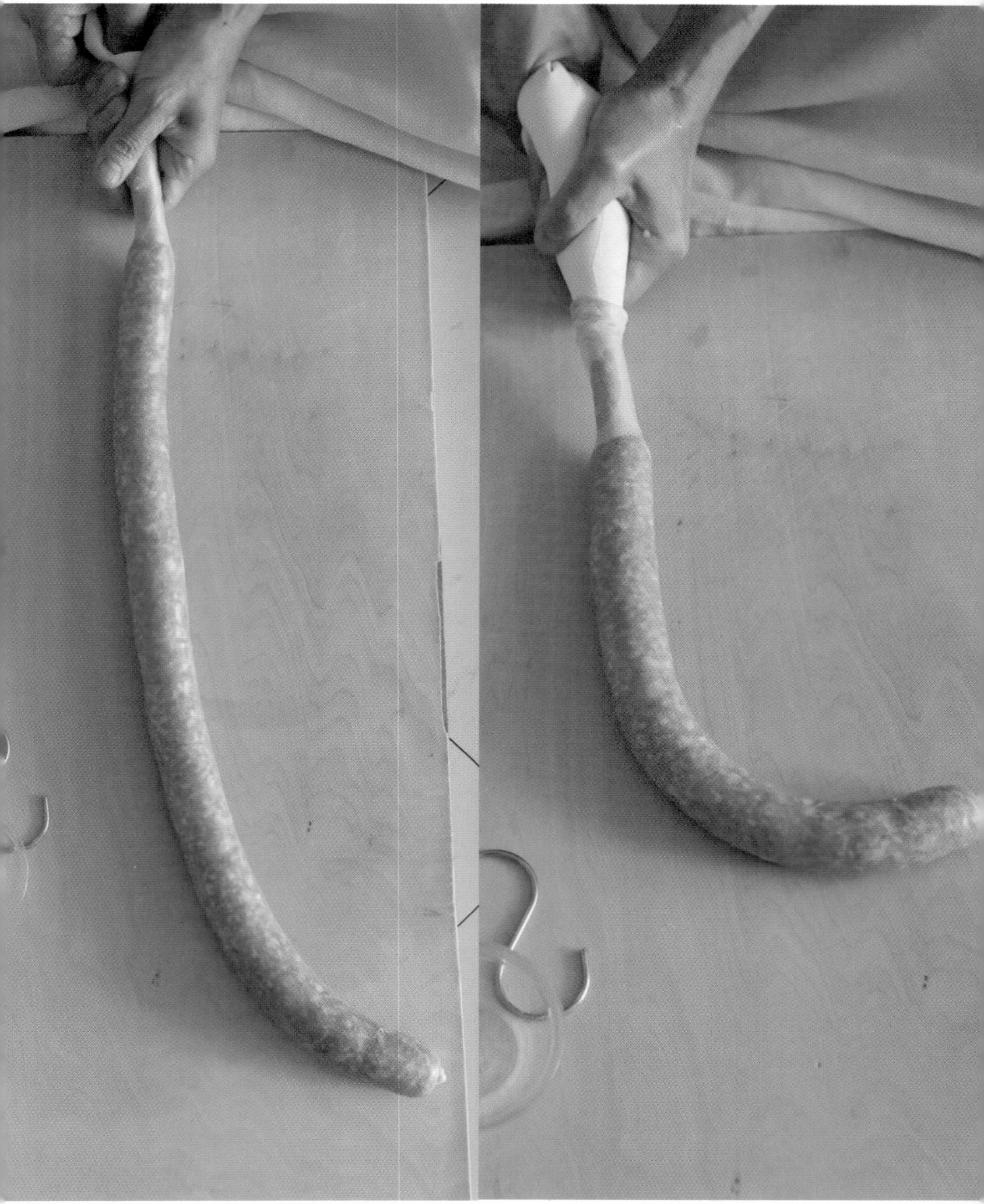

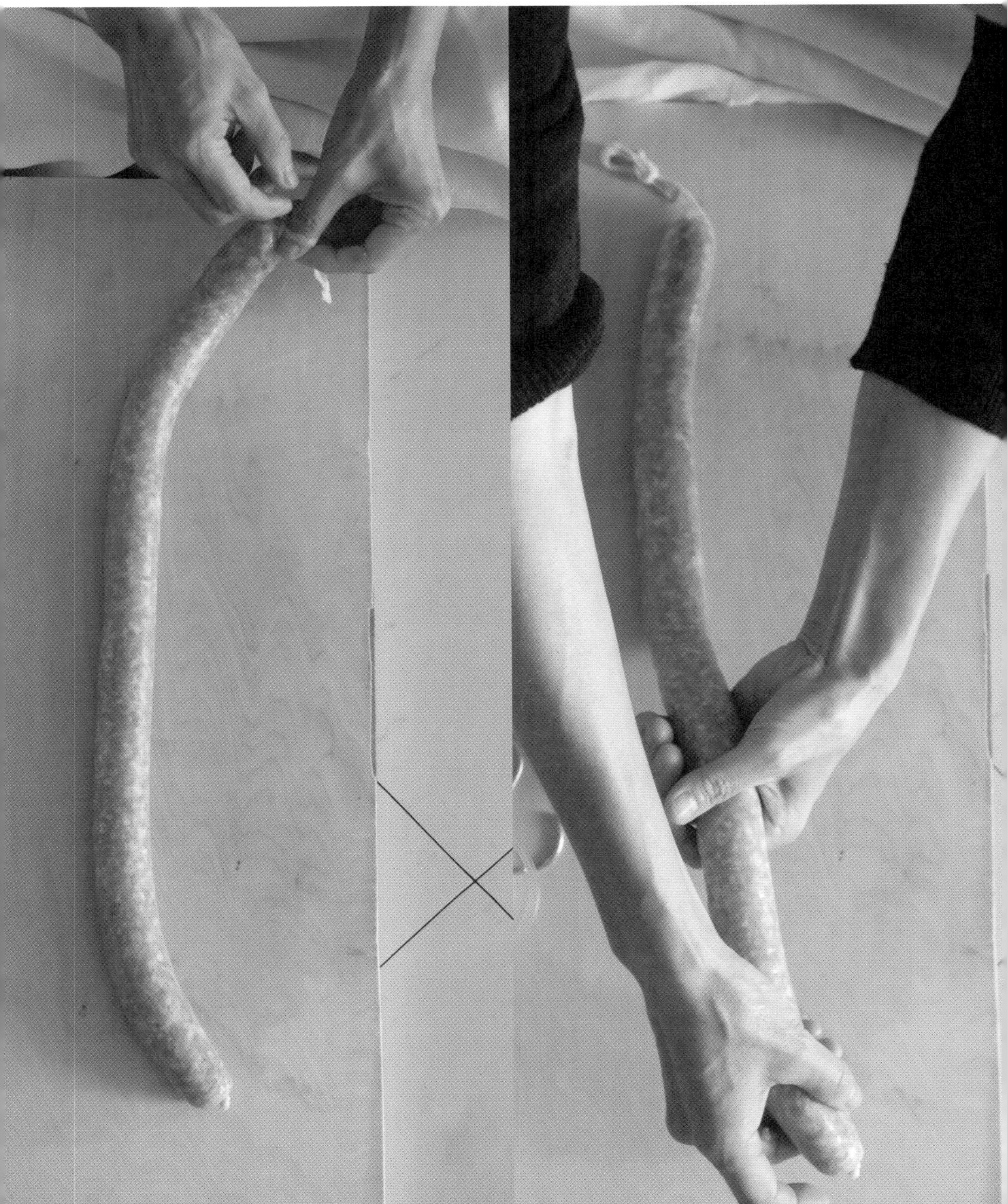

C　干す。

日陰の風通しのいいところに、半日から2日ほどぶら下げる。表面が乾き、カサッとしたら干し上がり。

↓

冷蔵庫に入れる（2、3日の間に食べる）。冷凍する場合は、干したものを切り離し、1本ずつラップに包む。

＊

ソーセージを干すのは、熟成といたむことのせめぎ合いだから、においや手ざわりを感じながらやる。

この日は丸2日半、腸にしわがよるまで干してみたのだけど、少し干しすぎだった。食べられないことはないけれど、腸がかたくなり、獣のようなにおいがほんのり香ることがわかった。

D　焼く。

フライパンに水を張り、中火にかけてソーセージをゆでる。ぶくぶくと沸騰させないように。ゆですぎるとせっかくのジューシーさがなくなってしまうので気をつけて。指でさわってみて、ウインナーをゆでているときと同じような張りを感じたら（P268）湯を捨て、油を少しひいて、焼き目がつくまで転がしながら焼く。針を用意しておき、空気が入っているところにさしながら焼くといい。

＊

マスタードをつけ、焼き立てを赤ワインと！

☆豚腸、ソーセージ用口金、しぼり出し袋は、「朝岡スパイス」などのウェブサイトで購入できます。

◎ソーセージを仕込んだ日のおたのしみ。

しぼり出し袋に残ったタネを、小さく丸めてフライパンで焼く。ソーセージ味のミートパテ。ちょっと焦げたくらいがおいしい。

◎本格的なカレーも、マサラ（玉ねぎをよく炒めたところにスパイスを合わせ、トマトの水煮を加えたカレーの素）さえ作っておけば、あとは肉と水を加えて煮込むだけ。

『スパイスのきいたチキンカレー』

（4人分）

AとBの手順に分けて作る。
マサラは前日に仕込んでおいても大丈夫。

A　玉ねぎをじっくり炒めてマサラを作る。

玉ねぎ（粗めのみじん切り）　2と1/2個
米油　大さじ5（玉ねぎ全体にまぶさるくらい）

❶ 厚手の鍋に玉ねぎを入れ、米油を加えて木ベラで混ぜ、油をまとわせる。最初は強火、ふたをしてしばらく蒸らす。

↓

❷ 鍋の中の温度が上がり、ふつふつと音がしたら弱火に落としてふたをし、さらに蒸らしながら炒める。しばらく放っておく時間も大事。鍋底の焦げつきは木ベラでこそげ、炒め合わせる。ふたについた水滴ものがさず鍋の中に落とす。つかず離れず鍋のそばにいて、ときどき様子をみながら。

↓

❸ 玉ねぎを炒めている間に、粉のスパイスを調合する。

↓

B　肉を焼きつけて加え、煮込む。

鶏手羽元　8本
バター　30g
固形スープの素　1と1/2個
ローリエ　3枚

❼ フライパンにバターを熱し、溶けてきたら鶏肉を並べて表面を焼きつける。

↓

❽ ❻のマサラの鍋に水4カップ、固形スープの素を加えてよく混ぜ、焼きつけた鶏肉を焼き汁ごと加える。最初は強火。

↓

↓
↓
コリアンダー　大さじ1と1/2
ガラムマサラ　大さじ1
チリパウダー　小さじ1
カイエンヌペッパー　小さじ1
ターメリック　小さじ1
ナツメグ　小さじ1/3
シナモン　小さじ1/2
カレー粉　小さじ1

↓

❹ 玉ねぎが茶色くなってきたら、ホール状のスパイスから加える。

クミンシード　小さじ1
カルダモン　5、6粒
おろししょうが、おろしにんにく　各2片分

↓

❺ 調合した粉のスパイスも加え、香りが立つまで軽く炒める。

↓

❻ いちど火を止め、トマトの水煮（カット）1缶を加え、再び火をつけてふつふつするまで炒める。これでマサラのでき上がり。

↓

❾ 煮立ってアクが出てきたらすくい、ローリエを加えてふたをし、ときどき混ぜながら弱火で1時間ほど煮る。

↓

❿ ほどよいとろみがつき、鶏肉がほろっとやわらかくなったらでき上がり。

☆トマトの水煮缶をトマトペースト大さじ2にかえてもよい。
☆よく煮込んだカレーも、早めに火を止めたさらっとしたカレーもどちらもおいしい。

◎残ったらハムエッグカレーにして、ひとりで食べるのもおたのしみ。

◎ある日、お客さんが数人いらしたとき、大豆のトマト煮にゆでたショートパスタ、お麩、はんぺん、かぶ、ほうれん草など、あるものをかき集めて作ったのがこれ。

グラタンは誰もが喜んでくれる、残りもの料理の王様だと思う。いつだったか、冷凍庫にある肉類（牛すじ肉、ベーコン、豚の薄切り肉、砂肝など）をすべて刻んでひき肉と合わせ、ミートソースをこしらえた。そして、ゆでたじゃがいもとなすを焼いたのも重ね、ホワイトソースをかぶせて焼いた。

＊

かぶの煮たのが残っていたときには、煮汁にお麩を加え、牡蠣をバターで焼いたものと合わせて、ホワイトソースでまとめたこともある。

＊

やわらかめに作ったマッシュポテトのグラタンもよく作る。バターで茶色になるまで炒めた玉ねぎをいちばん下にしいて、次にミートソース。マッシュポテトを上にかぶせ、チーズをたっぷりのせて焼く。イギリスのシェパードパイがお手本。

＊

ホワイトソースをかけて焼くロールキャベツのグラタンも、これが食べたいがためにロールキャベツを作っておくくらい。

『寄せ集めグラタン』

❶ オーブンを220℃に温めておく。

↓

「ホワイトソース（P43）」を多めに作る。

↓

ホワイトソースがまだやわらかいうちに、味をしみ込ませたいショートパスタやお麩（しばらく水に浸けておき、水けをしっかりしぼる）を加え、木ベラで混ぜながら弱火でとろみをつけていく。

↓

ひと口大に切ったはんぺんと、セイロで蒸したかぶも加える。このとき、ホワイトソースのとろみがかたすぎる気がしたら、牛乳を足してのばす。味をみてコクが足りなければ、固形スープの素を刻んで入れたり、生クリームやバターを追加する。

↓

❷ グラタン皿にバターを薄くぬり、「ゆで大豆のトマト煮（P60）」を敷き詰める。

↓

かぶの葉、水菜、ほうれん草をバターで炒めたものを上から重ねる。

↓

ホワイトソースをかぶせる。

↓

溶けるチーズをたっぷりのせ、オーブンで香ばしい焼き目がつくまで焼く。

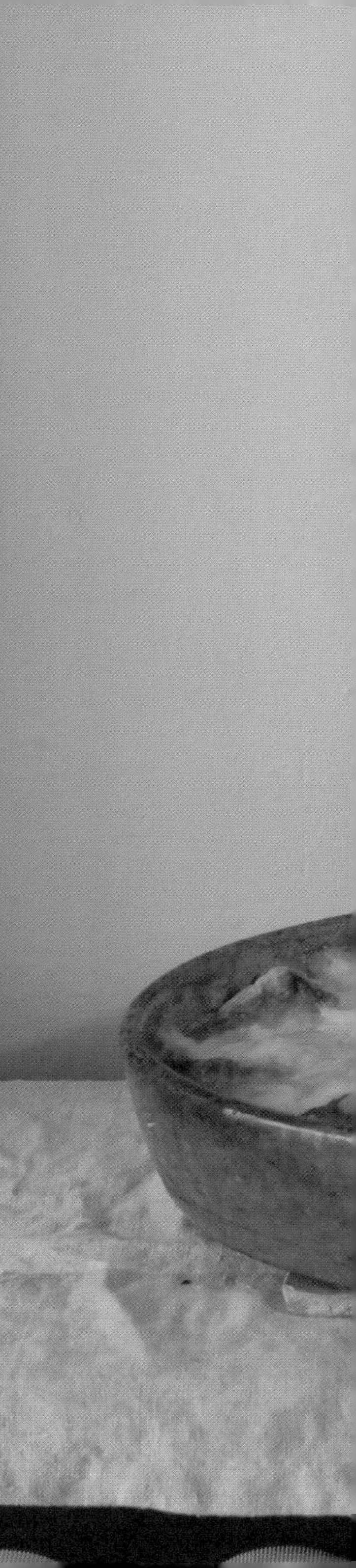

◎夏になるとよく作る、
お客さんに大人気の組み合わせ。
『トルコ風肉だんごのトマト煮込み、
とうもろこしご飯添え』
なすをズッキーニにかえてもおいしい。

（4人分）
肉ダネ
合いびき肉　300g
玉ねぎ（みじん切り）1/2個
にんにく（みじん切り）　1片
卵　1個
パン粉　1/2カップ
塩　小さじ1/4
ナツメグ、黒こしょう　各適量

A
トマトの水煮　1缶
トマトペースト　大さじ1
固形スープの素　1と1/2個（約6g　1/2刻む）
チリパウダー　小さじ1/2
カイエンヌペッパーまたは一味唐辛子　小さじ1/4

なす　2本
白ワイン　1/4カップ
バター　15g
トマトケチャップ、スイートチリソース　各大さじ1
オレガノ　小さじ1強
ローリエ　2枚
なたね油　大さじ2と1/2

---

❶ 肉ダネの材料をボウルに入れ、ねばりが出るまでよくねり混ぜる。バットに油を薄くぬり、肉ダネを8等分してだんごに丸めて並べる。できればひとつずつ重さを量って均等にすると（約70gずつになるはず）、仕上がりがきれい。
❷ 鍋にAを合わせ（トマトの水煮を先に入れ、手でくずす）、水1カップを加えてざっと混ぜておく。
❸ フライパンになたね油大さじ1/2を強火で熱し、❶を並べ入れる。転がしながら表面を焼き、カチッと焼けたら白ワインを加え、ふたをして蒸し焼きにする（あとで煮るので、中まで火が通っていなくてよい）。
❹ ❷の鍋に❸を焼き汁ごと加え、肉だんごをつぶさないように気をつけながら木ベラで大きく混ぜ、ローリエ、バターをのせて強火にかける。ぐつぐつしてきたら弱火にし、ふたをずらしてのせ、20分ほど煮る。
❺ 煮込んでいる間に、なすを3㎝厚さの輪切りにし（肉だんごの大きさに合わせる）、水にさらす。フライパンに残りのなたね油を熱し、なすの水けをよく拭き取ってから焼きつける。
❻ ❹の鍋に❺のなすを加え、木ベラでときどき混ぜながら、ふたをずらしてさらに煮込む。
❼ 煮汁がぽってりしてきたら、塩ふたつまみ（分量外）。味をみて、コクが出ていたら仕上げにトマトケチャップ、スイートチリソース、オレガノを加える。よく混ぜ、なじむまで軽く煮る。
❽ 器に、とうもろこしご飯（P264）をよそい、❼を盛り合わせる。

◎新鮮な地鶏は塩で焼く。

洋風の焼き鳥の気分で。まわりだけ焼いたのを、
オーブンでふっくらと蒸し焼きにする方法。

『地鶏の塩焼き』

（2人分）

❶ オーブンは210℃に熱しておく。

❷ 地鶏のもも肉は半分に切り、粗塩（300gの肉に対し小さじ1/2強）をまぶしつけ、油をひかずに鉄のフライパンで皮目から弱火で焼く。

❸ こんがり焼き目がついたら裏返し、オーブンへ。火の通り具合は、指先で押してみて、肉の内側の弾力を確かめるとよい（P268のウインナーと同じ）。焼きすぎるとパサパサになるので、ちょっと早いかなというくらいで身の厚いところに金串をさし、唇の下に当てて確かめて。

アチッときたら、焼き上がり。

焼き立てのじりじりいっているところをフライパンごと出し、お客さんの前で切り分ける。

『串かつ』

◎本当は、お皿に盛り合わせたりしない。

台所のカウンターに大皿とソースの鉢を用意しておいて、揚がったものから順に出す。ソースにどぼんと浸け、次々かぶりつく立ち飲みメニュー。残ったソースは串かつをするたびに冷蔵庫にとっておき、新しいのをつぎたし、つぎたし。神戸の串かつ屋さんで覚えた味。

（2人分）
さやいんげん（細め）　8本
れんこん　1/2節
うずらの卵の水煮　8個
粗挽きウインナー　4本
天ぷら粉　適量
パン粉（細かめ）　適量
揚げ油　適量

❶　れんこんは皮の黒くなったところだけ薄くむく。ひと口大に切って水にさらし、ざるに上げて水けをよく拭き取る。
❷　れんこんとウインナーは1つずつ、うずらの卵は2つずつ串の先にさす。
❸　ボウルに天ぷら粉を入れ、同量より少し多めの水を加えて、なめらかになるまでよく混ぜる。さらさらでなく、とろりとするくらい。
❹　❷の串を持って水溶き天ぷら粉にくぐらせ、パン粉をまぶす。手のひらでにぎって、しっかりめにつける。ウインナーとうずらの卵は、小麦粉を薄くまぶしてから水溶き天ぷら粉にくぐらせると、パン粉がはがれにくい。
❺　さやいんげんはヘタを取り、手でつまむところを残して衣をつける。
❻　揚げ油を低温に熱し、さやいんげんから揚げる。温度を少し上げ、れんこん、うずらの卵、ウインナーも揚げる。

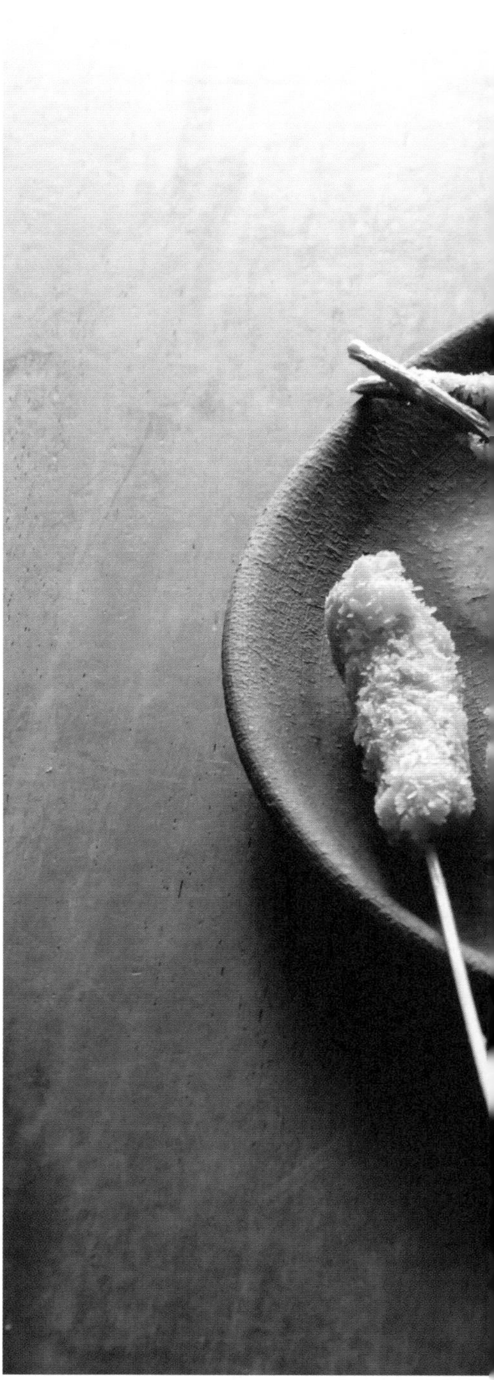

◎お客さんが集まるとおにぎりをこしらえます。

塩むすびにゆかり、わかめふりかけ。
炙ったのりを添え、めいめい
好きなように巻いて食べてもらう。

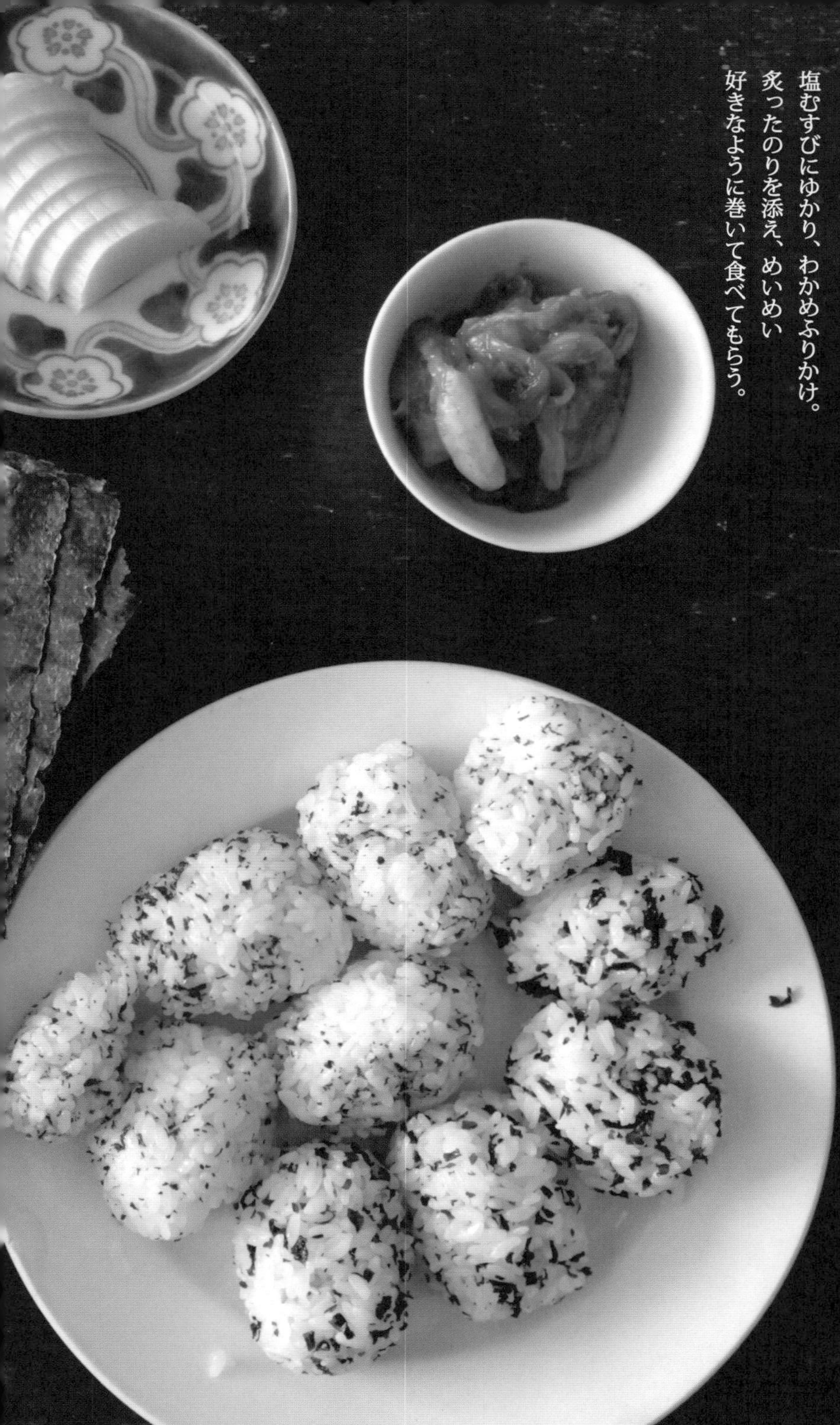

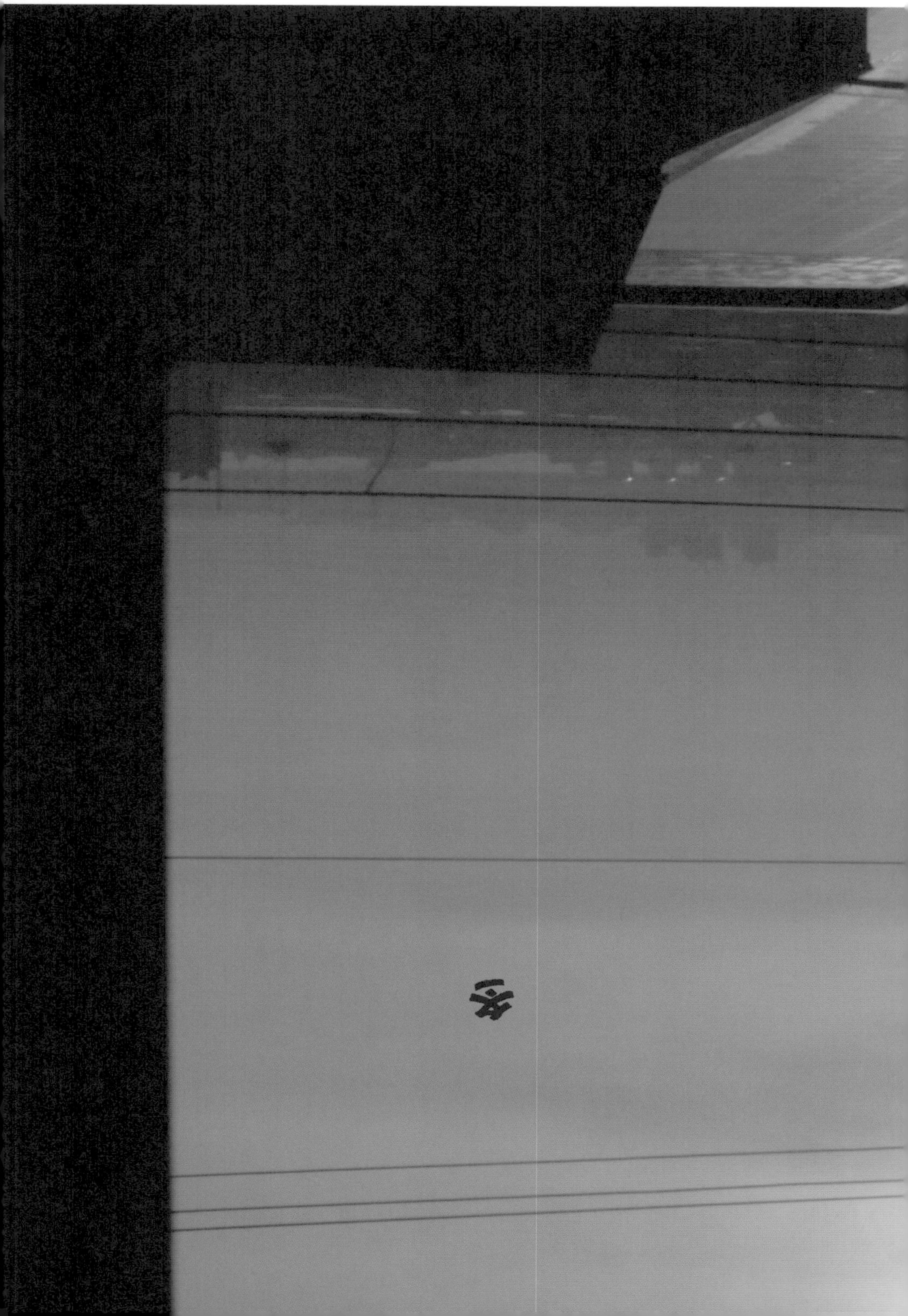

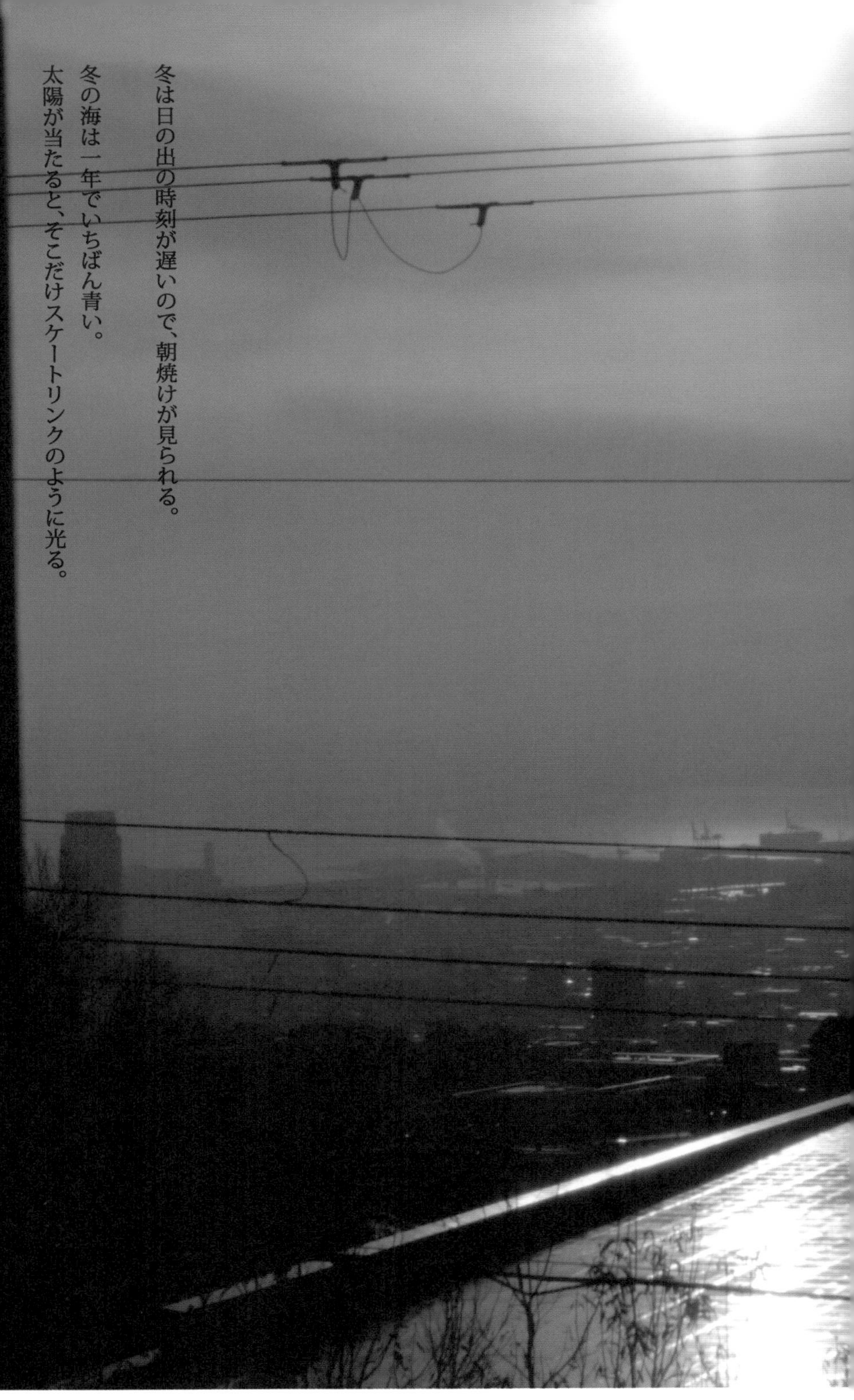

冬は日の出の時刻が遅いので、朝焼けが見られる。
冬の海は一年でいちばん青い。
太陽が当たると、そこだけスケートリンクのように光る。

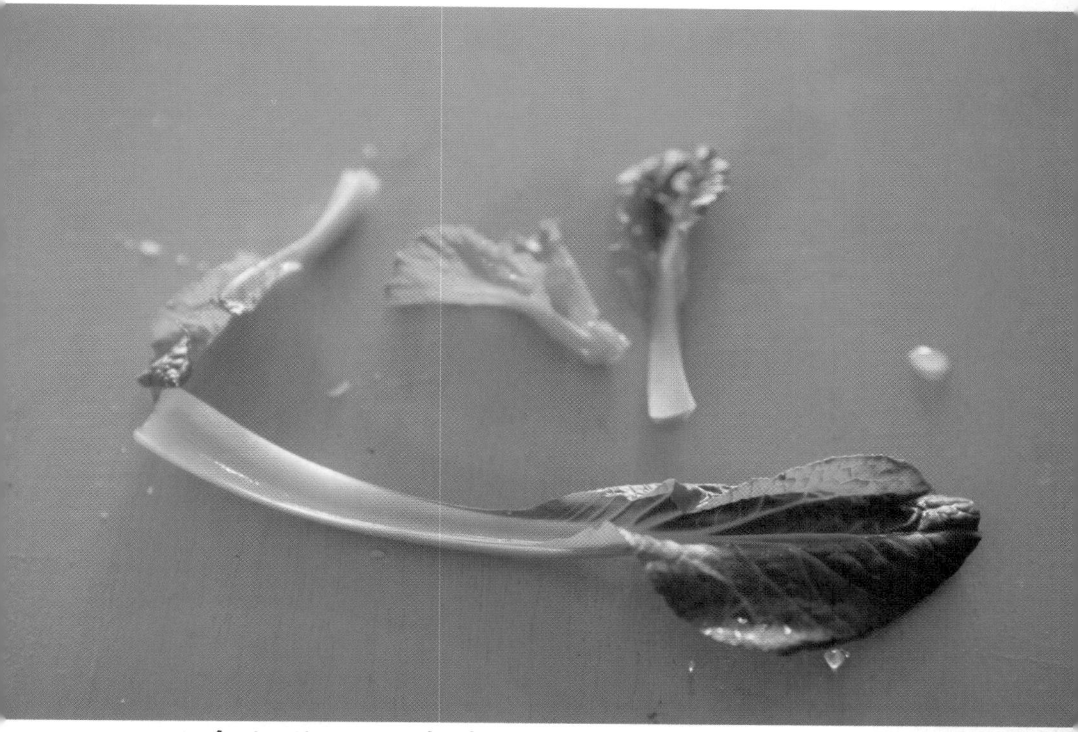

◎小松菜

あるとき、料理家の細川亜衣さんの本を読んでいて、小松菜の葉を外側からはがしてみた。

＊

手で一枚一枚はがしていくのは、工作のよう。分解しているみたいでいい気持ち。包丁で切るより無理がかからないし、水に浸けておけば根元の泥も自然に溶け出す。しばらく浸けておいたら、いつもより早めに葉が開き、ボウルからはみ出すほどピンとしてきて驚いた（いつもは株の状態で水に浸けている）。芯に近いやわらかな葉をつまんで集め、亜衣さんは生のままサラダにして食べるそうだ。

ひと株にわずかしかない色白の葉。ちぎってつまんでみたら、青くささがまるでなく、甘く爽やかな苦みもあって、ちょっと、木の実のような味。

はじめて知ったおいしさ。

＊

その日から、小松菜の葉は切らずにはがすようになった。そして色白の小さな葉は、料理をしながら立ったままつまんで食べる。根元を包丁でざくっと切り落としている人に、教えてあげたい。

『小松菜のセイロ蒸し』

セイロで軽く蒸した冬の小松菜は、茎がぬるっとして、甘くて、台所で立ったまままつまむと、ひとり声が出るほどおいしい。蒸し立てになたね油をまわし、塩をふる。こういうのをもりもり食べる。

❶ 小松菜2茎は、葉と茎の境目でふたつに切り分ける。

❷ 鍋に湯を沸かし、茎だけ先にセイロに広げて蒸す。ゆっくり30数えたら、ふたを開けてかさが減ったところに葉をのせ、ふたをしてさらに20数える。

❸ 火からおろし、蒸し立てを菜箸でつかんでまな板にのせ、食べやすく切って器に盛る。

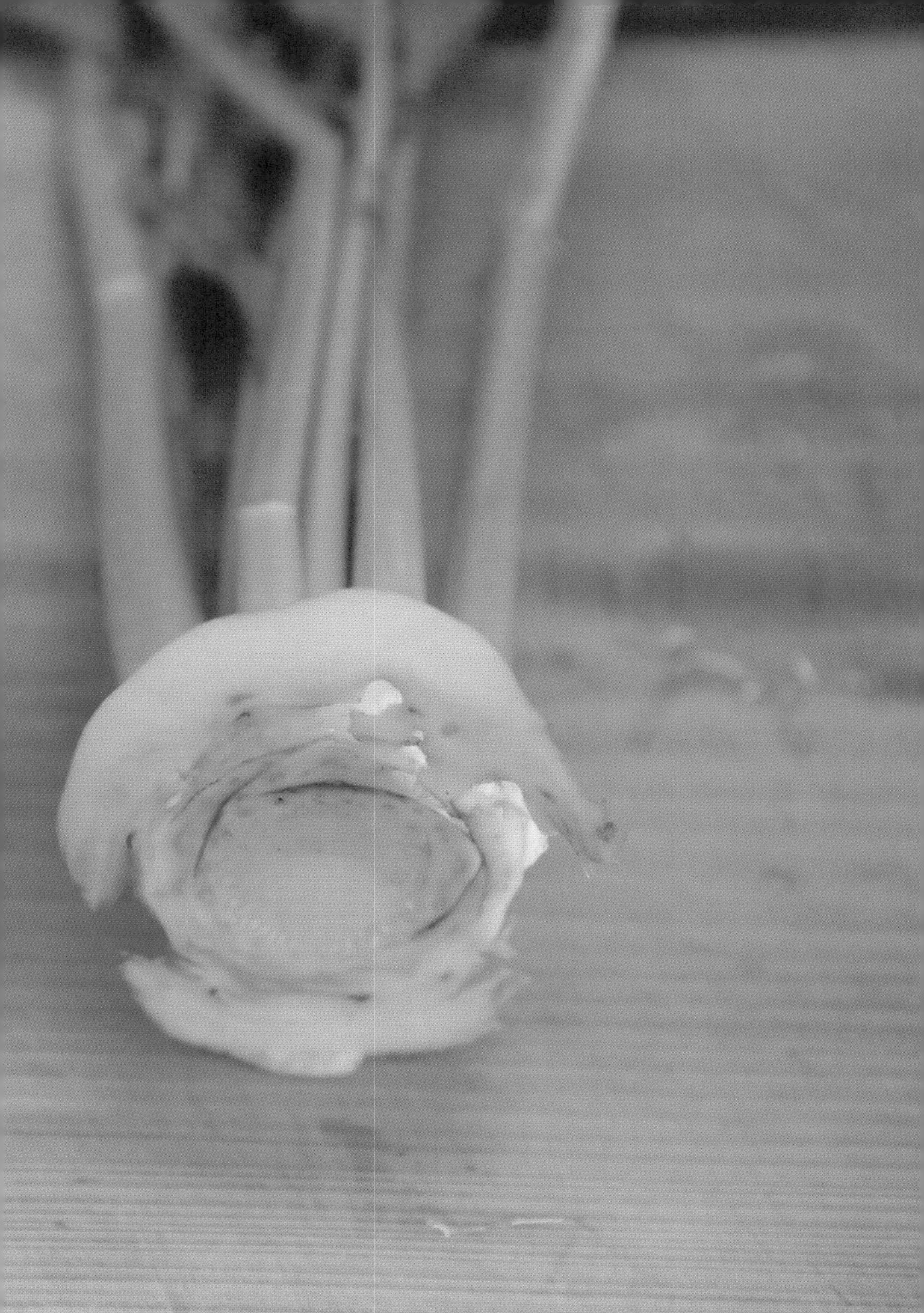

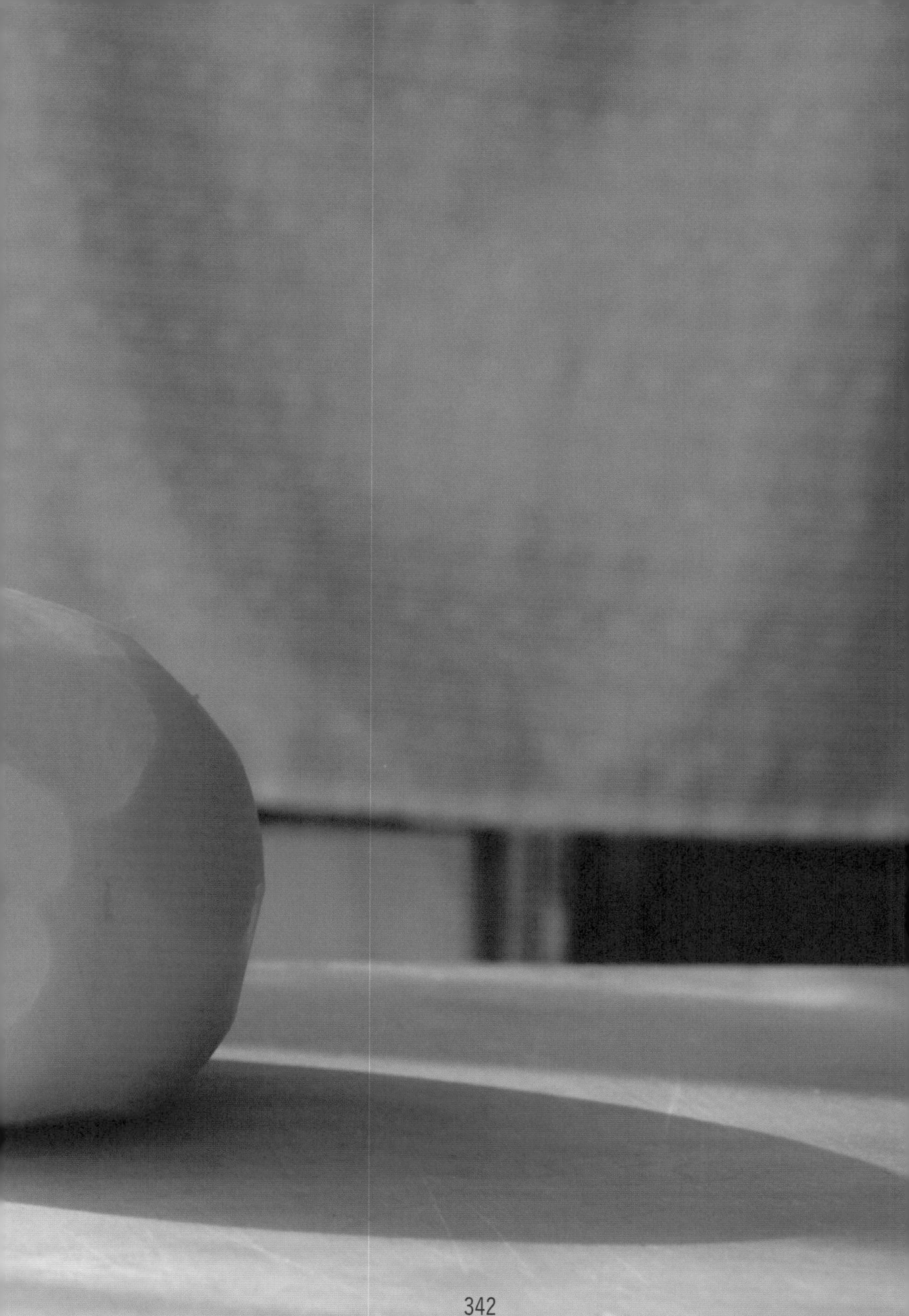

◎大かぶら

冬になると駅前のスーパーに、葉っぱがゆさゆさの大きなかぶらがごろんごろんと並ぶ。京都の聖護院大根ではなく、兵庫の大かぶら。ふつうのかぶがそのまま大きくなったような、白くつややかな丸い形。ひとつ２００円。ばかでかいお饅頭みたいなその姿を見ると、昆布だしで炊いた薄味の煮物が食べたくなって、毎年こしらえる。

ひとりでもこれだけはたっぷり煮る。残りは鍋ごととっておき、煮汁にホワイトソースを煮溶かしてグラタンにするのもおたのしみ。グラタンなのに、味のしみた油揚げも、とろりと煮えた昆布もとてもよく合う。

＊

４等分した大かぶらのひとつは、同時進行で浅漬けにするのも毎年のこと。

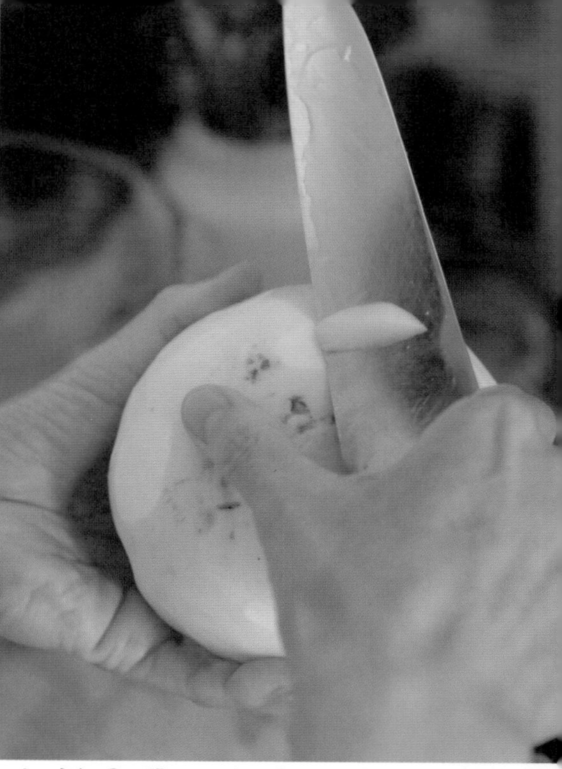

『大かぶらの薄味煮』

（作りやすい分量）

❶ 1リットルの水に昆布4、5枚をぜいたくに浸け、2、3時間たったら弱火にかけて昆布だしをとる（多めにとっておく）。

❷ 大かぶら1個は葉を切り離し、かたそうなところを中心に、ところどころ薄く皮をむく。

4等分してひとつは「大かぶらの浅漬け（P347）」。
残りは、ごろんとしたくし形が6切れ取れるように切る。

❸ 鍋にかぶらを入れ、昆布だし3カップを注ぐ。
酒大さじ1、塩小さじ1/2、薄口醤油小さじ1/2～1も加えて強火にかける。

❹ 煮立ったら弱火にし、油揚げ1枚半を三角に切ったもの（6切れ）を上にのせる。だしをとったあとの昆布1枚も、細く切って加える。ふたをずらしてのせ、かぶらがやわらかくなるまで30～40分煮る。煮上がるのに合わせ、大かぶらの葉を5㎝長さに切って色よくゆでておく。

❺ かぶらが透き通り、串がすっと通るようになったら、水溶き片栗粉でとろみをつける。

❻ 器にかぶらと油揚げを盛り、ゆでた葉を添え、煮汁をたっぷりかける。柚子皮を散らすと香りがいい。

☆煮汁だけ残ったら、とっておいて水でのばして別の野菜を煮ることもある。

『大かぶらの薄味煮で、和風グラタン』

❶ 「ホワイトソース（P43）」を作る。オーブンを220℃に温めておく。

❷ 肉厚しいたけ1枚は石づきを切り落とし、軸に切り込みを入れ、手で6つにさく。

❸ 「大かぶらの薄味煮」のかぶらを食べやすく切って、煮汁ごと鍋に入れ、弱火で温める。温まってきたら❷のしいたけを加え、ホワイトソース適量（ちょうどいいとろみがつくくらい）と合わせる。

❹ バターを薄くぬった耐熱容器に移し入れ、溶けるチーズを散らし、オーブンで焼き目がつくまで焼く。

☆食べるときに柚子こしょうを混ぜるのもおすすめ。

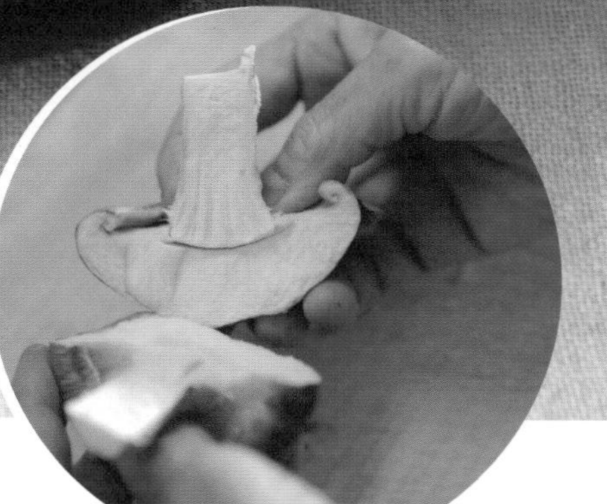

『大かぶらの浅漬け』

❶ 大かぶら1/4個は、5㎜厚さのひと口大に切る。ボウルに入れ、塩ふたつまみをふってなじませる。水分が出るまでそのままおく。

❷ ❶の水けをきらずに、みりんちょっと（かすかな甘みが加わればいい）と、薄口醤油を少々、柚子の果汁も上から少ししぼる。

＊

だしをとったあとの昆布を小さく切ったものと、柚子皮を刻み入れ、空きビンに移して冷蔵庫へ。1週間ほど保存できる。

◎れんこん

12月、れんこんが箱で送られてくる。
アパートの管理人さんや、友人たちに配ってまわる。
糸を引くねちっとした小ぶりのれんこん。
いちばんよくやる３種のれんこん料理は、これ。

『れんこんのじりじり焼き』

❶ れんこん小2節は皮の黒いところだけ薄くむき、厚めの輪切りにして水にさらす。

❷ フライパンになたね油を小さじ1強熱し、れんこんの水けを拭いて並べ入れる。

❸ 弱火でじりじり焼き、香ばしい焼き目がついたら返して裏面も焼く。塩または辛子醤油をつけて食べる。

『れんこんのお焼き』

❶ れんこん小2節は皮をむき、軽く水にさらしてからボウルにすりおろす。おろしきれずに砕けてしまったり、小さなかたまりが残っていても気にしない。かえって歯ごたえが生まれてたのしいから。

❷ ❶のボウルに片栗粉大さじ1を加えて混ぜる。

❸ フライパンにごま油大さじ1をひいて強火にかけ、❷をスプーンの背などでフライパンいっぱいに広げて焼く。ときどきフライパンをゆすって、焼き色が均等につくようにする。

❹ 表面が透き通ってきたら返し、裏面も軽く焼く。

❺ 器にすべらせるように盛りつけ、辛子酢醤油と塩を添える。箸でちぎりながら食べる。

『れんこんの薄味きんぴら』

れんこん自体が甘いので、みりんはほんの少し。醤油も薄めにしないと、れんこんの味がしなくなる。

❶ れんこん小2節は皮の黒いところだけ薄くむき、薄めの輪切り（太いところは半月切り）にして水にさらす。

❷ フライパンにごま油を熱し、れんこんの水けをよくきって強火で炒める。炒め方は、フライパンいっぱいに広げてしばらくおき、焼き目がつくのを待ってから、全体を合わせるように。焼き目をしっかりつけると、れんこんの糖分がカラメル状になって甘みが増す。

❸ 酒をひとまわし、みりん少々、薄口醤油少々をふって炒め合わせる。仕上げに一味唐辛子をふる。

◎カセットコンロは使わず、煮えたのを小鍋ごと運んで食べれば、ひとり鍋もわびしくない。

『ある日のひとり鍋』

❶ 鍋に水とだし昆布1枚を入れ、2、3時間浸けておく。
❷ 鍋を弱火にかけ、煮立ったら豆腐2/3丁を入れる。
❸ 豆腐がゆらゆらしてきたら、食べやすく切ったえのき茸1/2袋と水菜1/3株を順に加え、ひと煮する。

薬味は細ねぎの小口切り、大根おろし、七味唐辛子。
タレはポン酢醤油、ごま油、「ねぎ醤油（P273）」。
☆お豆腐がたっぷりだから、この日はご飯はなし。
ここに、しゃぶしゃぶ用豚肉を加えることもある。

◎えのき茸

使う分だけ切って、残りは袋を二重にし、冷蔵庫へ。

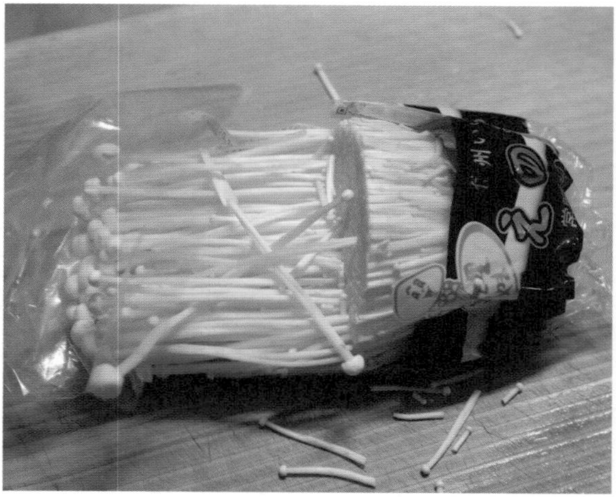

◎残った豆腐。

浸かっていた水にそのまま浸しておく。厚手のビニール袋に入れて冷蔵庫へ。

◎残った薬味のねぎ。

ねぎ醤油（P273）のビンに追加する。

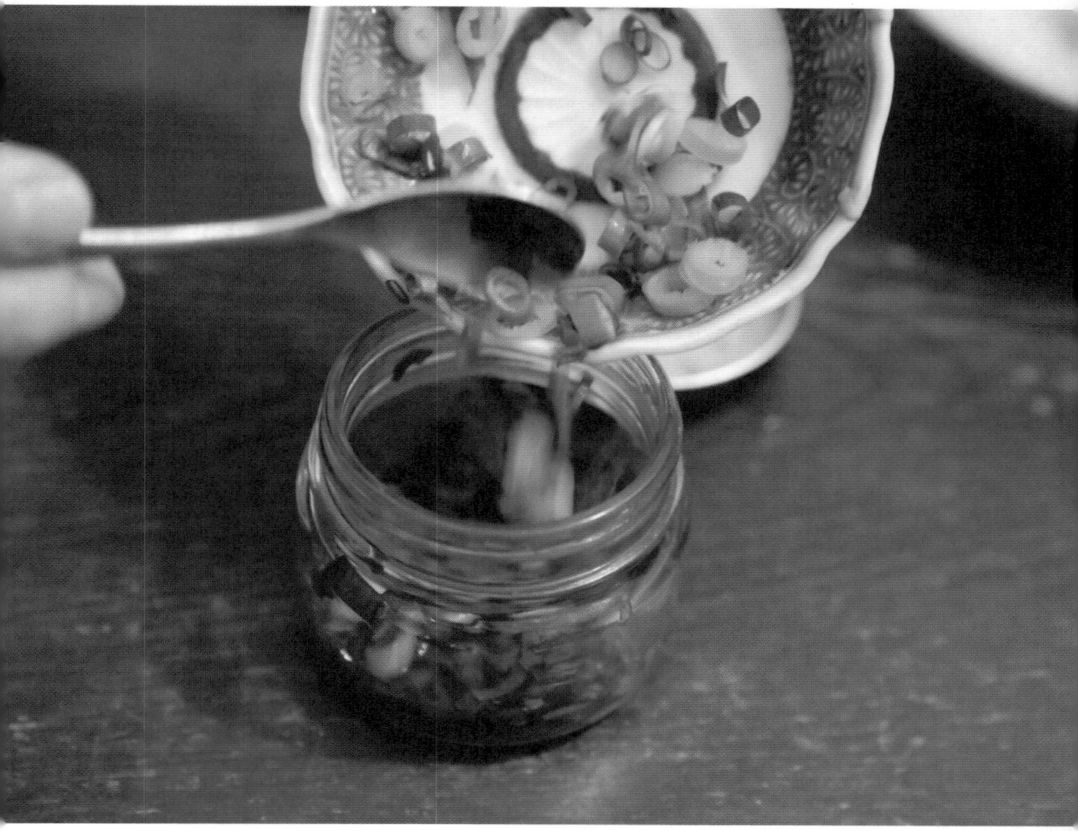

◎おでんはどうしても食べたくなったら、ひとりでもこしらえる。

『おでん』

(作りやすい分量)

A　牛すじ肉の下ごしらえ。

安くて新鮮な牛すじ肉350gをみつけたら、買って帰ってその日のうちに軽くゆでておく。

大きいまま鍋に入れて水をたっぷり注ぐ。ゆですぎるとうまみが逃げてしまうので、煮立ったら弱火にして1分くらい。ざるに上げて水をかけ、アクをよく洗い流す。粗熱が取れたら、ひと口大に切る。すぐに使わないときには冷凍しておく。

B　具を用意する。

大根　6cm
下ゆでした牛すじ肉　全量
こんにゃく　2/3枚
ゆで卵　2個

大根　3cm厚さの輪切りを2つ。皮をむいて面取りし、表面に浅く格子状の切り込みを入れる。

鍋に大根とかぶるくらいの水を入れ、やわらかくなるまで下ゆでする。

→
牛すじ肉　竹串にさせるくらいのやわらかさになるまでゆで、ざるに上げる（ゆで汁はだしに加えるのでとっておく）。

粗熱が取れたら竹串にさす。

→
こんにゃく　三角形を4切れ。水から下ゆでし、味がしみやすいようフォークで表面に穴をあける。

C　煮る。

土鍋に「だし汁（P32）」と牛すじ肉のゆで汁を合わせ、中火で煮る。

ふつふつとしたら酒をひとまわし、みりんと塩は少なめに。おでん屋さんの味を思い浮かべながら、薄口醤油で味をととのえる。

煮詰まっていくのを見越して、最初は薄味に。

→
大根、牛すじ肉、こんにゃく、ゆで卵を加える。だしをとったあとの昆布をのせ、ふたをずらして弱火で煮る。

決して煮立てないこと。

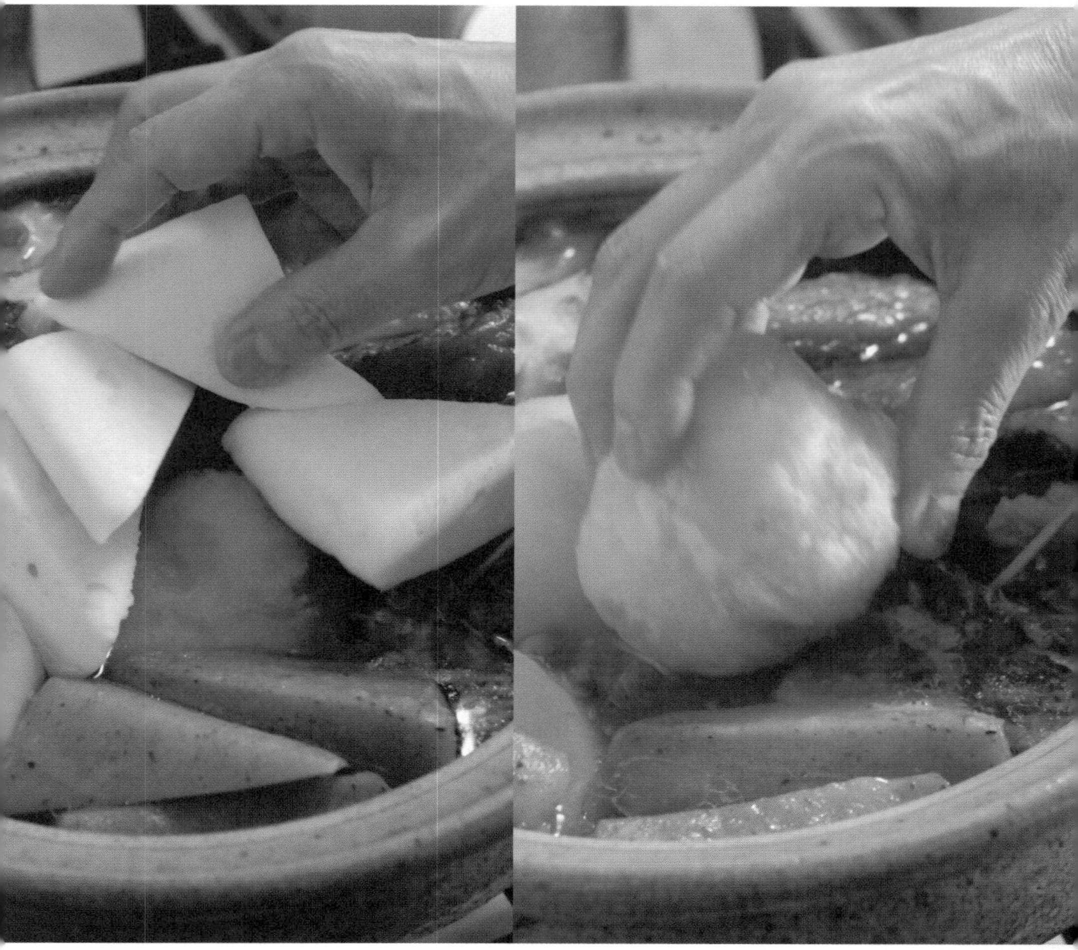

D　その他の具を用意する。

ちくわ　1本半
ごぼ天　3本
じゃがいも　2個
はんぺん　1枚弱

ちくわ　斜め半分の長さに切る。
↓
ごぼ天　そのまま。
↓
じゃがいも　皮つきのまま丸ごとゆっくり下ゆでする。
↓
はんぺん　三角に切る。
↓
ちくわ、ごぼ天を先に加え、しばらく煮てからじゃがいも、はんぺんを加えて味がしみるまでコトコト煮込む。

◎ある冬の日の夕ごはん。

◉おでん
◉お茶
◉大根の浅漬け
◉ご飯
◉海苔の佃煮
◉もろみみそ

◎こんにゃく

おでんに使わなかった分もいっしょに下ゆでしておき、粗熱が取れたら、水をはった容器に入れる。冷蔵庫で10日間ほどもつので、豚汁や炊き込みご飯、ひじき煮にも使える。

◎残ったおでん。牛すじ肉から出ただしは、ほんのちょっと洋風の味わい。

おでんの具と汁をかためのホワイトソースに加え、クリームシチューにしたこともある。兵庫の友人の家のおでんは少し甘め。残った具を細かく刻んで、お好み焼きに混ぜて食べるのが、家族みんなのたのしみなのだそう。

◎おでんが残ったら。

『おでんの洋風スープ』

❶ 残ったおでんの具はひと口大に切って、煮汁ごと小鍋に移し、火にかける。半端に残っている野菜があったら、小さく切って何でも加える。今日は椎茸。ウインナーも加えた。

❷ 火が通ったら牛乳を加え、みそをほんの少し。黒こしょうをひく。

☆七味唐辛子をふったり、柚子こしょうを混ぜることもある。

『おでんのカレーライス』

❶ にんじんは皮をむいて2cm厚さの輪切りにし、セイロで蒸す。

❷ 残ったおでんの具は、ごろんとした形に切って小鍋に入れ、煮汁ごと火にかける。温まったらにんじんも加えて煮る。

❸ カレールウを加え、煮溶かしながらよく混ぜてなじませる。

◎気軽なお茶。

緑茶が飲みたいときにはコップに茶葉を入れて湯を注ぎ、小皿でふたをして飲んでいる。ふたは、茶葉がしずんだらはずす。

◎木枯らしが吹く日の夕ごはんは、
あんかけのおうどん。

『京風あんかけうどん』

❶ 鍋に「だし汁（P32）」2カップ、酒大さじ1、塩小さじ1/3、薄口醤油小さじ1/2強を合わせ、中火にかける。

❷ 煮立ったらゆでうどん1袋を加えて、弱火。麺がほぐれてきたら、油揚げ1/2枚をひと口大に切って加える。

❸ 麺がやわらかく煮えたら、水溶き片栗粉を加えてとろみをつける。どんぶりに盛り、刻んだ細ねぎをのせ、おろししょうがを添えて七味唐辛子をふる。

☆とろろ昆布や梅干しをのせることもある。

ひとりだと怖いことに敏感だから、
食べないと、生きられなくなることがよくわかるようになった。
食べることが当たり前になるようにしている。
生きるというより、どっちかというと、
死んじゃうから食べるという感じ。
本を書いたり表現したりするのと同じように、
食べることもすごくスリリングだと思う。

お米は生きるための、体と心になっていくものっていう気がする。
お米をといで、水に浸して膨らませ、炊く。
水に浸しているとき、お米が水を吸う音が聴こえるようになった。

ぴち　ぱち　ぴち　ぱち。

ひとりだと、静かだからね。

高山なおみ

高山なおみ（たかやま・なおみ）
1958年静岡県生まれ。神戸市在住。料理家。文筆家。
著書に、日記をまとめた『日々ごはん』、『帰ってきた 日々ごはん』シリーズ、『おかずとご飯の本』、『野菜だより』、『高山なおみの料理』、『料理＝高山なおみ』、『実用の料理ごはん』、『はなべろ読書記』など多数。絵本の文に、『どもるどだっく』、『たべたあい』、『それから それから』、『おにぎりをつくる』など。www.fukuu.com

自炊《じすい》。何《なに》にしようか

2020年10月30日　第1刷発行
2021年 2 月10日　第4刷発行

著者◉高山なおみ

写真◉齋藤圭吾
デザイン◉立花文穂
編集◉赤澤かおり

発行者◉橋田真琴
発行所◉朝日新聞出版
〒104-8011 東京都中央区築地5－3－2
電話 (03)5541-8996 (編集)
(03)5540-7793 (販売)
印刷所◉シナノ書籍印刷株式会社

Published in Japan by Asahi Shimbun Publications Inc.
ISBN978-4-02-333346-8

定価はカバーに表示してあります。
落丁・乱丁の場合は弊社業務部(電話03-5540-7800)へご連絡ください。
送料弊社負担にてお取り替えいたします。